AF359630

SYLVINE LEGALLET

par

Madame la comtesse R. de LA TOUR DU PIN.

Extrait du **MESSAGER DE LA MANCHE**,

SAINT-LO,
IMPRIMERIE DE C. JEAN DELAMARE.

SYLVINE LEGALLET.

SYLVINE LEGALLET

Le marin est un être à part qui, comme l'amphibie, se plaît également sur la terre et sur l'eau ; prudent, aventureux, il est tout calcul, il est tout audace ; armé d'un double courage, il lutte souvent à la fois contre les hommes et contre les éléments. A son calme dans la défaite, à son calme dans la victoire, à son insouciance au milieu des tempêtes, on voit que son cœur, comme son front, s'est bronzé sous les chances hasardeuses de sa vie ou de sa fortune : des perpétuelles incertitudes de sa destinée, naissent dans son âme d'ingénieuses superstitions, de religieux instincts, qu'excitent encore les plus terribles comme les plus sublimes spectacles de la nature. Tendre et même passionné pour sa famille avec laquelle il compte si peu de jours, il est heureux de la revoir, puis bientôt désireux de la quitter, tant, pour ce coureurs de hasards, une existence agitée est devenue nécessaire ! Est-ce un simple matelot ? il retournera vite aux habitudes modestes et paisibles de sa famille ; il partagera leurs travaux champêtres, même au besoin ceux de l'artisan, à moins que, pêcheur au long-cours, il ne continue le métier sur les côtes chères et dangereuses de la patrie ! Mais, vienne le temps de la grande expédition, avec quelle ardeur se font les préparatifs de départ ! Il y a de la joie et des larmes dans ce cœur de mari, de fils et de père. Cependant rien ne peut ralentir son activité. Après que filets, rames, agrès ont été suspendus aux parois de la chambre conjugale, pour y demeurer jusqu'au retour, le citadin passager dit adieu à la famille, au pays, vole au port où la flotille, prête à partir, semble dans ses balancements cadencés faire ses adieux au rivage.

Le voyez-vous, l'aventureux marin, tout équipé de neuf? dès qu'il a mis son pied d'écureuil à bord, il prend une certaine attitude, une expression particulière, une physionomie grave; ne semble-t-il pas jeter un défi à la puissance des flots? Comme il est fort, cet homme, quand il lève la tête, regarde le Ciel, mesure l'immensité, fait un geste et part!

Si le flot qui l'emporte, le ramène un jour, ce dompteur de la vague, comme il sera fier et conteur! — que de choses se seront passées entre la mer et le Ciel! — Ecoutez-le raconter lui-même son odyssée à la façon d'Homère; lui, presqu'aussi simple que le vieux poète, pas tout-à-fait aussi grand!

Au nombre de ces hommes trempés et retrempés dans les flux et reflux des vicissitudes, comme l'acier rougi dans l'eau glacée des sources, il en fut un dont le caractère s'était nuancé plus fortement sous les influences du climat; des aspects tantôt riants, tantôt sombres du pays, des mœurs et des lointaines industries de Granville sa patrie; Granville où s'est passée l'histoire que nous allons raconter, Granville qui mérite de fixer l'attention du peintre, du poète et du savant!

Suspendue au sommet d'un roc, cette ville animée offre à l'observateur un tableau à la fois original et pittoresque. L'église, moitié gothique, moitié romane, avec ces groupes de maisons pressées autour d'elle comme de petits poussins sous les ailes de leur mère, lance sa flèche dans les airs, du point culminant du rocher; c'est le phare consolateur du marin, il sait que le port du salut est là, il sent qu'il y va toucher! l'*ex-voto* ne se fera point attendre. Le soir, quand les fenêtres des maisons s'illuminent, il semble que ce sont autant de vigies dont les yeux attentifs observent ce qui se passe à l'horizon, trop souvent voilé dans les brumes!

Une ceinture de noirs récifs, rattachés à une masse rocheuse, défendent la ville et menacent les vaisseaux. Pendant six mois de l'année, les flots d'un océan courroucé se précipitent sur ce rempart-géant qui demeure inébranlable, ainsi qu'un grand cœur reste impassible à la tourmente des passions!

Les temps orageux n'empêchent presque jamais les pêcheurs de sortir; mais quand le Ciel est sans menace, rien n'est plus divertissant que de voir une *équipe* de barques glisser à la voile le long des côtes : quelquefois une yole pavoisée évite le convoi pour ne point chavirer dans ses eaux, comme un frêle alcyon fuit, en rasant les vagues, devant une légion de cormorans. Ces départs journaliers s'égayent ordinairement des chants, des danses de la famille ; hélas ! trop souvent cette même plage retentit de sanglots, de cris douloureux que poussent ces femmes, ces enfants si joyeux naguère, et qu'un affreux sinistre vient plonger dans la misère et le désespoir !

La population de Granville est active, laborieuse, intelligente, énergique ; elle n'a nul point de ressemblance avec ses plus proches voisins de la Manche, et ce ne sont point des Normands d'origine qui peuplent cette ville de Normandie. D'où viennent ces hommes aux traits caractérisés, aux lignes régulières et fortement accusées, au teint bronzé, aux membres d'athlètes ? et ces femmes d'une étrange beauté, singulier mélange de l'Espagnole et de la Grecque, dont les grands yeux noirs lancent des regards allumés sous la cape sombre qui fait ressortir la fraîcheur de leurs joues animées ; de quelles contrées lointaines sont-elles venues s'échouer sur ces bords sauvages ?

Nous laissons aux sociétés d'archéologie qui abondent dans ce département, le soin de résoudre le problème.

Par une de ces riantes matinées, assez rares même en été, dans notre brumeuse Neustrie, une longue file de marins, de femmes, de jeunes filles et d'enfants, un violon en tête, revenaient de Notre-Dame de Granville, et se déployaient le long de la rampe qui descend de la rue des Juifs sur le port. C'était une noce joyeuse, dont chacun des convives avait revêtu son plus bel habit de fête. Ces parures si diverses de formes, si bariolées de couleurs, ces bouquets, ces longs rubans, ces grandes boucles d'oreilles, ces croix d'or reluisant au soleil, ces physionomies heureuses, offraient un spectacle gai, pittoresque, animé, qui, tout en charmant la vue, laissaient la réflexion questionner l'avenir.

En tête du cortége, marchait, appuyée sur le bras d'un matelot, le plus proche parent de son mari, Ursule Tolmer, dans tout l'éclat de la beauté et de la jeunesse. Sa parure de mariée Granvillaise se composait d'un ample jupon de fin drap vert saule et d'un corsage de soie lilas changeant ; un fichu de tulle brodé laissait voir, sous ses plis décemment rassemblés, la forme et la blancheur de son cou. Un large nœud de ruban retenait à son côté le bouquet symbolique, et sur sa tête un peu altière, se balançait à la brise la fleur d'oranger coquettement posée sur un de ces jolis bonnets granvillais, qui rappellent la forme élégante d'une barque, voiles repliées. Venait ensuite un homme aux traits mâles et réguliers, au visage brun, un homme dans toute la force de l'âge ; il portait le costume des pêcheurs du banc de Terre-Neuve : veste ronde de drap gros bleu, col de chemise de même couleur, brodé en points de chaînette blancs, rabattu sur une cravate rouge, lâche et négligemment nouée, ceinture de laine écarlate, large pantalon blanc. Au soleil, brillait, comme un casque d'acier, son chapeau de toile cirée, à grands bords. Sur la vaste poitrine du marin, s'étalaient plusieurs médailles de sauvetage. Il conduisait une femme âgée, sa belle-mère, et tenait par la main une petite fille de neuf à dix ans, blonde, frêle et pâle, qui lui souriait avec tendresse toutes les fois qu'il la regardait. Dans les grands yeux bleus de l'enfants, roulaient de grosses larmes ; son père la faisait sauter de temps en temps pour la distraire, et l'embrassait souvent pour la consoler.

La bande joyeuse arrivait dans la rue du Pont et se dirigeait vers l'hôtel du *Soleil d'Or*, où devait avoir lieu *le festin*; tous les habitants de la rue se mirent aux fenêtres ou aux portes pour voir passer la noce, et chacun de faire son commentaire.

—Eh ! donc, Marie, disait une brocanteuse à sa voisine l'épicière, j'espère qu'en voilà une fameuse noce ! Diantre, c'est qu'elle fait joliment *des embarras* notre mariée ! est-elle fière, est-elle pimpante ! et pourtant ça n'a pas le sou ! car ça mettait tout sur soi à mesure que ça gagnait.

—Qu'est-ce qui aurait cru, reprit Mme Dubreuil, la brocanteuse, qu'Ursule Tolmer deviendrait la femme du brave Pierre Legallet, qui a *de quoi en sac*, et vingt ans de plus qu'elle !

—Est-ce qu'il n'aurait pas dû prendre, dit une marchande de marée qui revenait du marché d'Avranches, une fille sage, raisonnable pour remplacer sa défunte qui tenait si bien son ménage, et pour servir de mère à sa petite? M'est avis que la Tolmer ne leur sera bonne ni à l'un, ni à l'autre.

— Dam ! mère Brifaut, répliqua l'épicière, c'est qu'Ursule , vois-tu, est un beau brin de fille, que tous les jeunes gars de l'endroit et tous les militaires de la garnison courtisaient derrière les vitres de la boutique de sa mère.

—C'est vrai, Marie, ajouta une jeune passementière, mais il n'y a pas de danger que la femme Tolmer ait laissé entrer tous ces chalands pour rire; elle savait bien que ce n'était pas pour le bon motif, à cause que sa fille était trop faraude pour faire une bonne ménagère.

—Dis donc, Anastasie Dubreuil, c'est pourtant pas faute d'avoir été battue pour ses agaceries d'œil en coulisse; mais les coups ne la corrigeaient point, même qu'elle se regimbait contre sa mère, que la bonne femme, peur du bruit, s'en allait de sa maison C'était toujours pas prudent!

—Pardine, s'écriait la femme Dubreuil, il faut qu'Ursule ait diablement ensorcellé Pierre Legallet, pour qu'il l'ait choisie sur tant d'autres qui valent mieux qu'elle, la pimbêche! au lieu que s'il avait épousé ma petite Eulalie, par exemple, c'est ça qui est sage, laborieuse et douce comme un agneau!

—Et ma fille Frasie donc, reprit la marchande de marée, est-ce qu'elle n'aurait pas été tout aussi bien son fait, madame Dubreuil? On dirait qu'il n'y en a que pour vous! C'est que la mienne vaut la vôtre au moins! Elle n'est pas jolie, c'est la pure vérité; mais beauté ne fait pas richesse.

—Tiens, tiens, interrompait une quatrième commère, chacun prêche pour son saint. — Tout ça sont des jeunesses qui n'allaient point du tout à Pierre, mais ma nièce Marianne, en voilà une qui est une fille d'expérience, toute confite dans le bon Dieu! c'est qu'elle serait capable de tirer de l'huile d'une pierre et de faire marcher une barque sans voile ni avirons!

Mais nous ferons grâce à nos lecteurs de la suite de cette conversation, pendant laquelle quelques-unes de ces parisiennnes qui, dans la saison des bains, sont attirées à Granville par la beauté et la sûreté de la plage, s'étaient arrêtées dans la rue du Pont pour voir passer la noce dont le caractère singulier pour elles attirait leur attention. Le parler doux et mignard de nos élégantes, contrastait d'une manière piquante avec le langage traînant et fortement accentué des jolies Granvillaises qui composaient le cortége, en même temps que la

désinvolture légère et mollement balancée des premières, semblait plus gracieuse, comparée à la démarche ferme et d'aplomb
des beautés maritimes. Quelques jeunes gens de la *fashion* pa-
risienne lorgnaient la mariée et semblaient la trouver fort à
leur gré !

Depuis quelques instants, la noce était entrée à l'hôtel du
Soleil-d'Or, d'où bientôt les chants et les rires retentirent
au loin.

Vers onze heures du soir, tous les gais convives en sortirent ;
ils devaient escorter la noce jusqu'au village de Saint-Nicolas,
village et faubourg tout ensemble dont la rue principale s'em-
branche avec la première rue de Granville. Pour éviter les embarras et la malpropreté ordinaire des routes qui traversent les
villages, la noce prit le sentier dont l'entrée, aujourd'hui fermée
par une clôture, s'ouvrait alors sur une des extrémités de la
promenade de Granville et conduisait au *Vallé-Fleur*. Ce joli
vallon, formé d'une dépression de terrain qui sépare la route
d'Avranches de celle de Coutances, est animé de quelques
troupeaux errants qui trouvent dans ses prairies ondulées,
qu'arrose le cours sinueux d'une petite rivière, une abondante pâture et de vertes courtines brodées de marguerites et de
serpolet ; la marche fut d'abord silencieuse ; l'air était suave et
doux ; à cette heure d'universel repos, on entendrait mieux les
pas retentir sur les cailloux des sentiers, l'on pouvait même
saisir des paroles prononcées tout bas. De temps en temps les
voix des jeunes filles s'élevaient et redisaient quelques refrains
de leurs chansons que se renvoyaient les échos : puis tout rentrait dans le silence ; puis recommençaient les chants, les rires,
les mots mystérieusement échangés, et la lune éclairant cette
joyeuse *conduite*, semblait avoir perdu sa mélancolie. Ne croi-
rait-on pas que dans certaines situations de l'âme, toutes les
choses extérieures se pénètrent de nos propres impressions !

Le sentier devenu montueux, Pierre Legallet qui portait sa
fille endormie, invita l'assemblée à se reposer un instant sur
la pente d'où l'on découvrait la mer et quelques voiles glissant
à l'horizon. Dans cette nuit calme, où la marée montait lente
et muette, à peine entendait-on le bruit de la vague expirer
au rivage, semblable au souffle cadencé du sommeil. Quand

elle se fut reposée, la noce se remit en marche ; la gaîté reprit un nouvel essor, devint plus animée, plus bruyante, parvenu sur la hauteur, tout-à-coup l'essaim folâtre se tait, s'arrête et se recueille : on avait aperçu le cimetière de Granville et celui de Saint-Nicolas avec les croix funèbres dessinant à la clarté de la lune, leurs silhouettes fermes et sombres : parmi tant de croix funéraires, chacun hélas ! pouvait chercher peut-être celle d'un père, d'une mère, d'un enfant ! Lorsque Pierre Legallet ôta son chapeau, en s'inclinant, un profond soupir s'échappa de sa poitrine, il serrait avec force sa fille endormie sur son cœur. Bientôt cette tristesse passagère se dissipa et fit place à de plus douces sensations, on avait repris la marche et hâté le pas. La noce se trouvait en face du monticule rocheux qui d'un côté se lie au plateau boisé de Saint-Nicolas, et de l'autre s'arrondit en mamelon qui décline sur le Vallé-Fleur. Au sommet de ce monticule, la blanche maisonnette de Pierre Legallet paraît encore au loin, suspendue comme un nid de mouettes. Ici fut échangé un adieu cordial ; l'assemblée reprit le chemin de Granville, et la famille Legallet se retira dans son habitation.

La gentille maison de Pierre, lui avait été laissée par sa première femme, Louise Coupart, fille d'un honnête cultiva-teur. Au rez-de-chaussée, deux pièces assez vastes, puis une chambre où couchait la petite fille, au bout d'un jardinet une étable pour quelques moutons : voilà toutes les dépendances de cette rustique demeure, où régnait alors une certaine aisance. Toutes choses avaient été conservées dans l'ordre établi par la première femme de Pierre Legallet : des étagères bien garnies, des instruments de pêche suspendus à la muraille ; près de la fenêtre, le rouet, maintenant immobile avec sa quenouille à demi-chargée de lin ; à la porte, on voyait de grands filets qui séchaient au soleil. La première ménagère du marin, était une femme laborieuse dont la trop courte vie n'avait été employée qu'à l'accomplissement de tous ses devoirs : son amour pour Dieu, pour son mari, pour sa fille, avait seul rempli sa pieuse existence. Avec ses amis, si Pierre parlait de sa chère défunte, sa voix s'altérait, et ses yeux devenaient humides quand il disait : ma pauvre Thérèse est bien morte, ainsi qu'elle a vécu, comme une sainte du Paradis où elle est à présent ! Elle m'a fait pourtant bien du mal, la chère âme, le jour où elle m'a répété deux fois :

Pierre adieu, adieu !.. faut nous quitter !.. Ne t'afflige donc pas comme ça, c'est le bon Dieu qui le veut ! tu auras bien soin de notre petite Sylvine surtout .... C'est ma chair et mon sang que je te laisse !..

Après, j'ai vu une grosse larme couler sur sa joue. Tout au soir, il n'y avait plus personne ?. nom d'une trombe ! cette nuit là, je n'aurais même pas vu le pic de Ténérif, tant il y avait de brouillard dans mes yeux !

Mais écartons ces pénibles souvenirs, pour ne voir que la jeune Ursule prenant possession du modeste héritage, et charmant les yeux et le cœur de son mari consolé : Dès le lendemain, Pierre l'installa en souveraine dans sa chaumière, étalant devant sa nouvelle compagne, ses humbles richesses, lui remettant le gain amassé pour les besoins du ménage.

— Ursule ? tout cela est à vous, j'espère que vous en userez bien, je veux que vous soyez contente ; mais il faut de l'économie dans une maison, et du cœur au travail. J'ai encore une recommandation à vous faire, ma jolie petite femme : c'est voyez-vous là-bas l'enfant qui dort ? pauvre petite orpheline de mère !... Il faut que vous la remplaciez, Ursule, celle qui est là-haut ! Vous aimerez mon enfant, n'est-il pas vrai ?... Autrement, vaudrait mieux me donner à manger aux requins ! Mais vous serez une bonne femme, une bonne mère !.......

— Pierre, répondit Ursule, vous ne pouvez douter de moi, j'espère ; pourquoi, puisque je vous aime bien, n'aimerai-je pas votre enfant qui est si douce ?..

En ce moment Sylvine se réveilla ; d'abord elle promena ses regards étonnés autour de la chambre, puis apercevant l'étrangère, elle cacha sa tête sous ses couvertures ; Ursule s'étant approchée d'elle voulut l'habiller :

— Papa ! papa ! s'écria-t-elle, viens, viens !...

Pierre prit alors un ton sévère et dit :

— Sylvine, je veux que tu te laisses habiller par ta maman, m'entends-tu ?

L'enfant regarda son père d'une façon étrange et se laissa faire. Quand elle fut habillée, Pierre lui donna l'ordre d'embrasser *sa mere*; Ursule lui en évita la peine, mais Sylvine reçut le baiser sans le rendre.

La jeune femme s'étant absentée, Legallet prit sa fille sur ses genoux et lui demanda pourquoi elle avait pleuré en voyant Ursule.

— C'est que je ne l'aime pas, répondit-elle.

— Eh! bien, plus tard tu l'aimeras et tu ne pleureras plus : en attendant, il faut que tu l'appelle maman :

— *Hola* (1) *non*, répliqua l'enfant avec vivacité

— Hein! qu'est-ce que j'entends? et pour quelle raison s'il-vous-plaît?

Parce que ma vraie maman m'a commandé de ne jamais mentir, vous aussi papa, et que je ne suis pas la fille d'Ursule Tolmer pour le dire.

— Il n'y a plus ici d'Ursule Tolmer, mais il y a Madame Legallet, entends-tu bien?

— Oui, oui papa, c'est votre nouvelle femme, je le sais bien; mais ce n'est toujours pas ma vraie maman !

Le bon marin fut assez embarrassé de toutes ces réponses qui ne manquaient pas de justesse ; il prit donc le parti de couper court à l'entretien ; seulement il fit promettre à Sylvine qu'elle serait sage et bien obéissante pour lui faire plaisir.

— Oh! ça oui, papa, ce n'est pas difficile.

Mme Legallet étant rentrée, l'enfant l'aida aux soins du ménage avec une vivacité, une adresse dont elle fut satisfaite : car elle pensa en voyant Sylvine déjà si bien dressée au travail, qu'elle lui épargnerait autant de fatigue que d'ennuis. Après que tout fut nettoyé, rangé dans la maison, la petite fille alla chercher les moutons à l'étable et les mena paître dans les prairies du Vallé-Fleur, où elle fut triste et pleura.

Plusieurs jours se passèrent sans amener aucun incident ; Ursule vit avec un redoublement de satisfaction la fille de son mari de plus en plus active, laborieuse, chercher même à lui éviter la peine dont elle pouvait se charger.

La seconde semaine qui suivit le mariage fut employée en

---

(1) Exclamation usitée en Basse-Normandie pour appuyer la négation ou l'affirmation.

parties de plaisir, en dîners chez les parents et les amis de Pierre Legallet. Les autres marins, ses camarades, voulurent donner aussi un retour de noce ; ainsi se voyant partout choyée, recherchée, fêtée, Ursule, glorieuse de ses succès, laissait éclater sa joie en démonstrations vives, animées, trop peu contenues peut-être. Quant au bon Pierre, il croyait que le bonheur recommençait pour lui.

Pendant près d'une année, rien ne troubla le bon accord du ménage : tout avait prospéré, la pêche était encore abondante et lucrative ; l'intrépide Legallet venait de recevoir une nouvelle médaille pour avoir tout récemment sauvé trois naufragés d'un navire qui s'était échoué sur l'archipel de Chaussey.

Pourtant si les parents de Sylvine se sentaient heureux, le cœur de l'enfant recélait des peines secrètes qu'elle cachait avec soin dans la crainte d'affliger son père.

Malgré sa douceur inaltérable, sa docilité et sa promptitude à exécuter les volontés de sa belle-mère, celle-ci commençait à la faire souffrir par ses exigences. Elle devint bientôt jalouse de la grande affection que Pierre portait à sa fille, et c'était avec peine qu'elle dissimulait devant lui le peu de sympathie que lui inspirait cette enfant. D'ailleurs elle venait de donner un héritier au brave marin, et tout ce que le cœur de cette femme pouvait contenir de tendresse se reportait sur le nouveau-né.

— Merci, Ursule, lui dit l'heureux père, en élevant l'enfant dans ses bras ; tu m'as donné un beau garçon ; nous en ferons un joli mousse, et plus tard, qui sait?... le sort en fera peut-être un capitaine au long cours !

Sylvine enchantée d'avoir un petit frère, le berçait, le regardait dormir, le portait sitôt qu'il était éveillé ; elle avait aussi grand soin de sa belle-mère. Cette aimable enfant voulait se dévouer à toutes les affections qu'éprouvait son père, même à celles qu'elle ne pouvait partager.

Après la mort de sa première femme, Legallet ne voulant point confier sa fille à des mains étrangères, avait obtenu un congé de l'armateur au service duquel, pendant plus de vingt années, il avait fait le trajet de Granville au banc de Terre-Neuve, d'abord comme simple pêcheur, ensuite comme timonier ; il se bornait donc en ce moment, à la pêche des huîtres dans la baie de Cancale et sur les côtes les plus rapprochées de Granville.

C'était un tableau touchant, avant son second mariage, que ce brave marin remplissant les doubles fonctions de père et de mère, quelquefois grave et sévère comme l'un, bien plus souvent doux et tendre comme l'autre.

Lorsque Pierre tournait le sentier montueux qui conduit à sa demeure, il apercevait sa petite Sylvine qui accourait souriante, les bras ouverts, au-devant de lui, et l'heureux père trouvait sa maison propre, bien rangée, son repas commencé, les petits moutons bien repus et bien couchés dans l'étable ; mais Pierre grondait sa fille quand seule, elle avait accompli toute cette besogne ; il exigeait donc qu'elle se fît aider quelques heures seulement.

Quand venait la nuit, Sylvine récitait tout haut sa prière à laquelle le bon marin répondait, puis ces deux êtres bons, simples, aimants, s'endormaient de ce sommeil confiant des âmes sans fiel et sans envie.

Pierre Legallet ayant donné une seconde mère à sa fille, et sa famille venant de s'accroître d'un héritier, il pensa qu'il était urgent, dans l'intérêt de tous, de reprendre son service momentanément suspendu. Ce fut pour lui un mélange des regrets du père de famille et de ce bonheur du marin qui revoit la mer et ses dangers, avec une joie peut-être égale à celle qu'il éprouve à retrouver la terre et sa sécurité. Enfin le moment de se reprendre aux labeurs, aux périls, ne tarda point à arriver.

Voici qu'avril pare la terre et rit dans le ciel, que la mer devient plus traitable et s'applanit sous le vaisseau qui la presse. C'est l'époque du départ des flotilles, pour les pêches lointaines. Alors Granville s'anime d'un mouvement extraordinaire ; déjà plusieurs navires lancés à la mer en attendent de nouveaux qui s'achèvent en chantier. Les coups de marteaux se pressent et retentissent, les mâts se dressent, les poulies grincent sous les cordes hissant les voiles, les cabestans mugissent en roulant le cable qui retient les ancres, l'espèce de cri mélancolique et prolongé des matelots, célèbre chaque conquête enlevée par le travail. Tout est achevé, les derniers navires délivrés tour-à-tour, glissent rapides sur la cale et prennent possession de l'Océan en faisant jaillir l'écume des flots jusqu'à leurs voiles palpitantes. Tout une population émerveillée, bat des mains, applaudit avec un enthousiasme impossible à décrire, comme si elle assistait, pour la première fois, à ce spectacle qui se renouvelle à chaque printemps.

Bientôt une autre agitation se manifeste dans les maisons, dans les rues, sur la jetée ; ce sont d'incessantes allées et venues de la ville au port, et du port aux navires pour les provisions qu'on embarque ; ce sont des encombrements de chevaux, de charettes, de haquets, de commissionnaires ; ce sont enfin les préparatifs du départ de tous les pêcheurs valides de cette ruche maritime. Un matelot fait ses adieux à sa mère infirme qu'il ne retrouvera peut-être plus et un mari laisse sa jeune femme prête à devenir mère !..... verra-t-il cet enfant ? de jolies Granvillaises tout émues, promettent à leur fiancé de faire brûler un cierge à Notre-Dame, pour que la traversée soit heureuse ; un patriarche de l'océan bénit son fils, l'unique soutien de ses vieux jours ; une mère pleure en embrassant le sien.

Pierre Legallet contemple un instant, dans son berceau, le futur capitaine endormi, et dépose doucement un baiser sur ses joues épanouies comme les premières roses de la saison ; se retournant du côté de la mère :

— Ursule, lui dit-il d'une voix attendrie, au revoir ; sois toujours en santé et soigne bien nos enfants : je te recommande encore notre fille ; ne lui donne pas trop de travail, elle est chétive et elle a plus de courage que de force.

La petite fille se jeta dans les bras de son père en sanglottant ; Ursule les yeux humides répondit à son mari :

— Ne t'inquiète pas, absent comme présent, on fera tes volontés.

Encore retenue par sa santé, et par son nourrisson, elle ne put suivre Pierre jusqu'au port ; mais la pauvre Sylvine se suspendait au cou de son père comme ces plantes de l'Océan, fragiles voyageuses qui dans la tourmente s'attachent au rocher.

— Allons, allons Sylvine, sois raisonnable ; si tu pleures comme cela, j'aurai pendant toute la traversée le cœur tourné au sombre !

L'enfant sourit à travers ses larmes, qui séchèrent comme des gouttes de pluie au soleil.

— Eh ! bien à la bonne heure ! j'aime ça ; il faut savoir se commander. Viens avec moi.

Pierre Legallet emmena sa fille jusqu'au port, et l'ayant fait entrer dans une de ces cabanes où se tiennent pendant le jour quelques artisans de différents métiers : il donna un coup de sifflet puis appela :

— Rosette, Rosette ! —

Alors une jolie petite chèvre, plus blanche que l'écume des flots, vint bondir aux pieds de son maître.

— Tiens Sylvine, puisque tu es sage elle est pour toi ; il y a plus de six semaines que je la dresse à la douceur et à la familiarité ; tu la mèneras aux champs avec nos moutons. A mon retour, je veux vous trouver tous, bêtes et gens, en santé !

Ce mot de retour, produisit un effet magique sur la petite fille, et la chèvre aussi put exercer une espèce de charme sur la mobilité de l'enfance. Pendant que Sylvine la carressait, et s'emparait du licou, Pierre Legallet s'était éclipsé ! quand elle ne vit plus son père, elle se précipita sur la jetée au milieu de la foule; elle l'aperçut dans un canot qui faisait force de rames vers le trois-mâts la *Maria-Leonida* qu'il atteignit bientôt. Il lui fit de la main un signe qu'elle comprit ; car elle se tint tranquille.

En cet instant, une brume épaisse, subitement élevée de la mer, enveloppa la flottille ; le roc, les phares, les maisons, l'église, tout disparut sous ce voile épais ; seulement, on voyait distinctement la croix qui paraissait détachée de la flèche et formait un labarum dans le ciel ! Les matelots superstitieux examinaient avec beaucoup d'attention cet effet merveilleux ; sans doute ils en tiraient quelqu'augure favorable. Sylvine regardait alternativement la forme vague de la *Maria-Leonida* et la croix de l'église, en récitant des prières. Faute de brise, les navires demeurèrent en panne; mais, le soleil à son coucher, ayant enlevé la brume, les vents fraîchirent, les voiles se gonflèrent, les sifflets des contre-maîtres firent entendre le signal de la manœuvre, les cabestans enlevèrent les ancres, le capitaine monta sur le tillac, fit un salut devant Notre-Dame de Granville, puis la flotte fendit les flots !

Pour la suivre des yeux plus longtemps, Sylvine courut à l'extrémité du roc, et s'assit au pied du phare ; elle y resta tant qu'elle put apercevoir une voile ! La foule était déjà dispersée, que l'enfant avec sa chèvre se trouvait encore sur l'abrupte promontoire. Enfin elle reprit la route de Saint-Nicolas.

Après le départ de la dernière flottille qui emporte presque toute la population masculine de Granville, cette active cité semble déserte, morne, abandonnée ! Au bruit, a succédé le silence, à la foule, la solitude ; on n'entend plus que le clapottement des vagues sur les récifs, les cris des mouettes, les sifflements du vent dans les anfractuosités des rochers. On se demande ce qu'est devenue toute cette population ? C'est que toutes ces pieuses délaissées, en cet instant, remplissent l'église, elles y sont en prières, elles y font des vœux pour les voyageurs. Mais bientôt la ville va renaître, l'activité recommence, chacun retourne à ses occupations, reprend son industrie, ces femmes laborieuses ne perdent pas leur temps pendant les jours d'absence. Au reste, elles ne le cèdent point en courage, en énergie aux hommes de cette contrée ; elles vont au sauvetage comme des matelots, nagent comme les poissons, dirigent une barque comme le plus habile pilote ; ce sont les hommes de l'Océan !

Il faut assister à une pêche nocturne, lorsque portant les unes un falot de résine, les autres le panier et la *trouble*, elles vont pieds, jambes et bras nus, surprendre le lançon caché dans le sable à la marée descendante. Qui verrait ces rieuses et bruyantes filles s'élancer bien avant dans les grèves aux clartés vacillantes des torches, dirait d'une de ces rondes fantastisques évoquées par le génie allemand, un sabat à la façon de Gœthe, ou de Jean Paul !

Sylvine, en gagnant avec sa chèvre, les hauteurs de Saint-Nicolas, se retournait souvent comme si elle avait pu voir encore les flottilles voguer au large ; mais l'Océan était calme et solitaire, elle rentra épuisée de fatigue et de chagrin. Ursule lui dit avec un peu d'humeur.

—Pourquoi es-tu restée si longtemps au port, puisqu'il n'y a plus personne ?

— C'était pour le voir encore sur la mer

— Oui, mais pendant que tu t'amuses, l'ouvrage ne se fait pas à la maison.

— M'amuser !.... j'ai bien le cœur à la joie !

— Allons tais-toi ; mène la chèvre à l'étable et viens m'aider.

Elle obéit, la douce enfant, sans murmurer, sans se plaindre ! Et, malgré sa lassitude, elle se mit à la besogne ! La nuit elle ne put dormir et plusieurs fois ses sanglots réveillèrent Ursule.

— Veux-tu bien dormir, Sylvine, et ne pas pleurer à nous réveiller, ton petit frère et moi ! ce n'est pas la première fois que ton père s'en va. Mais tais-toi donc, à la fin !

La pauvre petite étouffa ses pleurs, récita une prière que sa mère lui avait apprise et s'endormit. Le lendemain quand elle se réveilla, son visage était pâle et tout bouleversé.

— Voyez-donc, dit Ursule , dans quel état elle se met ! petite sotte, quand tu tomberas malade, qu'est-ce qui aura le temps de te soigner ? qui bercera ton petit frère ? qui nettoyera la maison? qui donc ira aux champs? si ton père savait que tu n'es pas plus raisonnable que ça, il ne t'aimerait plus

— (1) *Holà si!* que papa m'aimera toujours! c'est pas ma faute si j'ai du chagrin !

Après avoir fait le ménage, la petite fille alla chercher les moutons et la chèvre à l'étable, et s'achemina vers le Vallé-Fleur. Déjà Rosette connaissait sa maîtresse, mangeait l'herbe et le serpolet dans sa main, bondissait à sa voix, et se couchait à ses pieds. Ce présent animé qu'elle tenait de son père, cette chose vivante qui la suivait, qui la préférait, suspendait un instant son chagrin.

Cependant Sylvine possédait plus et mieux qu'une pauvre chèvre pour l'aimer et la distraire. C'était un petit cousin, un peu plus âgé qu'elle, élevé près d'elle, et qui devait l'année suivante faire sa première communion avec elle ! Comme Sylvine, fils d'un marin des pêches lointaines, Jules Pelcot était, non pas un de ces *loups*; mais de ces intrépides *louveteaux* de mer qui vont ordinairement à la marée basse, chercher dans

------

(1) Pour augmenter la force de la négation ou de l'affirmation.

leurs canots les passagers. Si l'on signale un bâtiment près
d'entrer dans le port, soudain une nuée de canots couvrent le
bassin : ces canots sont montés par de jeunes *gars* de dix à
douze ans, hardis, vigoureux comme s'ils en avaient dix-huit !
bien que leurs traits offrent encore la délicatesse de l'enfance,
ils ont déjà quelque chose d'énergique et de viril qui étonne;
leurs yeux largement ouverts, sont phosphorescents comme la
vague dans une nuit orageuse. Rien de plus piquant que toutes
ces mines éveillées sous le béret de drap bleu d'où sort une
forêt de cheveux noirs bouclés. Il faut les voir manœuvrer à
qui mieux mieux leur fragile coquille, *nageant* à force de rames, pour fondre les premiers sur leur proie, et se disputer le
pauvre passager avec ses bagages, au risque de faire chavirer
le tout dans les flots. Souvent s'élève un combat sérieux entre
ces rivaux rapaces, dont le bras vigoureux, armé de l'aviron,
menace son ennemi et parfois l'atteint. Malheur au voile de
dentelle, à l'élégante mantille ; malheur peut-être à celle qui
les porte, s'il ne lui vient pas un défenseur ! Mais l'agent de
police maritime, se doutant du conflit, accourt pour rétablir la
paix et l'ordre ; sautant de sa barque dans celle des combat-
tants, il arrache de la main du premier venu, la rame homi-
cide, et s'en sert comme du vieux trident de Neptune contre
tous ces petits tritons révoltés. — C'est le salut des voyageurs.

En arrivant au Vallé-Fleur, Sylvine découvrit son petit
cousin assis sur le versant du côteau, sitôt qu'il l'aperçut il se
leva et courut au devant d'elle ! Sylvine se mit à pleurer.

— Il ne faut pas te chagriner comme ça, lui dit-il, nos pères
sont partis, mais ils reviendront, s'il plaît à Dieu ! Ah ça, dis
donc..... et ta belle-mère..... ça va-t-il bien, vous deux ?

— Dame ! je fais comme elle me commande et je n'en ai
pas de mauvaises raisons.

— Je vois bien tout de même, reprit Jules, que tu n'en est
pas trop affolée !

— Ecoute, Jules, on ne peut pas chérir deux mères ; Ursule n'est pas ma vraie maman, et depuis que je suis orpheline, j'aime papa pour deux.

— Et moi aussi, reprit Jules, j'aime mieux mon père depuis

que ma mère est avec la tienne ; mais nous ne sommes pas des orphelins, puisque nous avons nos pères ?

— Tiens Jules, on est toujours orphelin quand on n'a plus sa mère !

— C'est bien dit ça !.... Sylvine, j'ai apporté mon catéchisme ; veux-tu me le faire répéter ? et puis tu me l'expliqueras ; monsieur le curé dit que tu es une savante.

— Holà non ! que je n'en sais pas beaucoup ; mais donne et tu me le demanderas à ton tour.

L'échange des deux leçons terminée, Sylvine sortit de la poche de son tablier, un joli chapelet qu'elle avait fait, pendant l'automne dernier, avec des baies rouges d'aubépine et les graines noires du troëne.

— Allons viens, ici, Jules, si tu prie bien le bon Dieu, je te donnerai mon chapelet, tu le diras souvent pour nos pères.

Les deux enfants se mirent à genoux et prièrent ensemble.

— A présent, donnes ton chapelet, cousine ; je te promets que je le dirai. Moi, j'ai été chercher bien loin sur les grèves du Mont-Saint-Michel, des grands coquillages pour t'amuser, les veux-tu ?

— Oui, oui je les veux !

Pendant qu'elle gardait ses moutons, Sylvine se créait une foule d'amusements naïfs comme sa pensée, gracieux comme sa personne. De jolies petites corbeilles de jonc qu'elle tressait avec adresse, recevaient bientôt une odorante moisson de violettes ; elle remplissait de terre mouillée ses coquillages, puis elle y piquait, avec un goût naturellement délicat, des paquerettes, des brins de marjolaine, de bruyères, de boutons d'or, de primevères sauvages qui exhalent un parfum si doux ! et ces jardinières improvisées étaient destinées à orner les pieds d'une statuette de la Vierge qui lui venait de sa mère : car, toujours se mêlaient aux actions les plus simples de cette enfant, des sentiments de religion et de piété filiale.

Jules s'était absenté depuis quelques instants, et comme elle le cherchait des yeux, elle le vit au loin sortir d'une haie d'aubépine ; quand il fut près d'elle, il jeta sur ses genoux un petit chardonnet sans plumes qu'il venait d'enlever de son nid. Sylvine se saisit de l'oiseau, le réchauffa de son haleine, puis se retournant les yeux humides :

— Vite, vite Jules! va reporter ce pauvre petit à sa mère ; ne faisons pas d'orphelin, il en pourrait mourir !

Après que Jules eut obéi à regret, les deux enfants rappelèrent les moutons, puis ils rentrèrent à Saint-Nicolas.

Ursule n'était pas à la maison lorsque Sylvine y revint; son petit frère dormait dans son berceau, et rien n'était préparé pour le dîner ; cependant il était déjà tard ; il fallut donc que la petite fille se mît à la besogne; cette besogne était faite quand sa belle-mère rentra. Le petit Pierre s'étant réveillé, Sylvine quitta la table pour aller le bercer..Quand Ursule fut hors de table, elle ne se souvint plus que Sylvine n'avait pas dîné et elle lui donna une quantité de commissions, en lui enjoignant de les faire sur l'heure et de se dépêcher.

— Mais j'ai faim, observa la petite fille, doucement.

Tiens ! c'est vrai, tu n'as pas dîné, répliqua sa belle-mère.... Hé bien, tu mangeras quand tu seras revenue, tu n'en iras que plus vite.

Ayant pris sa cape, Sylvine obéit. Elle ne rentra que le soir, mais si fatiguée que son appétit s'en était allé en chemin. Pourtant, la belle-mère satisfaite de l'intelligence avec laquelle ses ordres étaient exécutés, voulut faire manger la petite fille ; mais l'enfant refusa, et comme Ursule l'engageait avec quelque rudesse, elle fondit en larmes.

— Ah ! ça, petite pleurnicheuse, en auras-tu bientôt fini avec tes larmes, dit Ursule impatientée ! tu sauras que je n'ai pas l'humeur maussade, qu'il faut qu'avec moi, on rie, on chante, qu'on soit toujours gaie enfin ! Allons, mamzelle Legallet, avec vos airs dolents, vous me feriez passer pour ce que je ne suis pas ; entendez-vous, essuyez vos yeux, et mangez.

Cependant Ursule ennuyée, disait-elle, de l'absence de son mari, cherchait en dehors de fréquentes distractions ; elle courait aux foires des cantons voisins, aux courses, aux expositions de l'industrie, partout où il y avait foule. Parée de ses plus beaux atours, coquettement coiffée du bonnet Granvillais, aux gracieuses barbes de dentelles enroulées, elle se rendait avec un plaisir plus vif encore aux *assemblées*, réunions d'hommes, de femmes, de jeunes filles et d'enfants qui vont célébrer la fête du saint de la paroisse au milieu des riants bocages de la Normandie. Les prairies, les côteaux, les vallées, les ravins cachés sous leurs beaux ombrages, se remplissent de familles qui prennent gaiement leur goûter sur l'herbe. Que de tableaux variés, charmants, offrent tous ces groupes éparpillés dans la campagne! Ce sont des joies, des chants, des babils de jeunes filles qui ne le cèdent point au gazouillement des fauvettes; c'est un défi entre les filles des champs, et les babillardes ailées de l'air; ce sont des éclats de rire à pâmer les échos! puis des voix plus mâles qui luttent à qui soutiendra plus longuement ces notes fortes et monotones jetées dans l'espace avec une telle vigueur de poumons, que les cloches des villages, des hameaux en rendraient des vibrations formidables, si elles en étaient frappées.

Quelquefois, madame Legallet, emmenait son enfant avec elle, et laissait à la maison la pauvre Sylvine, en lui imposant une tâche souvent au-dessus de ses forces, mais qu'elle trouvait faite au retour. Si le rendez-vous du plaisir était trop éloigné de Saint Nicolas, elle laissait le petit Pierre à sa sœur, sachant qu'elle pouvait le lui confier.

Ainsi se passait pour Sylvine les longs jours d'absence de Pierre Legallet. De plus en plus la rage du plaisir possédait Ursule, et la dépense de la maison s'augmentait au-delà des ressources laissées pour les besoins quotidiens du modeste ménage. Le petit troupeau diminuait considérablement. Chaque semaine, Sylvine voyait avec regret, ou son agneau favori, ou quelques moutons trop maigres encore, livrés au glaive du boucher, puis la malheureuse enfant succombait sous le poids du travail, ses forces s'épuisaient bien avant même leur développement; une grande pâleur avait remplacé sur ses joues les roses de l'enfance: ses yeux cernés, paraissaient d'une grandeur démesurée; mais ils avaient conservé leur expression touchante. Sa maigreur effrayante n'attestait que trop qu'une langueur secrète détruisait sourdement la trame de cette fragile existence. Si d'anciennes amies de sa mère lui demandaient en la voyant passer:

— Est-ce que tu es malade Sylvine?

— Non, je ne crois pas, répondait-elle, mais je n'ai plus grand force; c'est vrai que je diminue.

— Voyons, tu n'es pas heureuse, ma petite fille, pas vrai? Ursule te tue d'ouvrage, et ne te chérit guère!

— Dame ! puisqu'elle ne m'a pas mis au monde, elle ne peut pas me chérir comme ma vraie maman : mais elle ne me bat jamais.

— Te battre ! pauvre agneau ! et tu fais de l'ouvrage comme quatre, sans jamais rechigner encore ; t'en fais trop ! il faut, vois-tu, en prendre et en laisser.

Oh ! *pour de ça non*, mon papa ma commandé de lui obéir, monsieur le curé me dit d'être courageuse, je ferai toujours ce que ces deux pères là me diront.

Et elle continuait son chemin marchant avec peine, en chassant devant elle ses moutons, sa chèvre Rosette, et les petits chevraux qui cabriolaient devant leur mère.

C'était ses meilleurs moments, ceux qu'elle passait au Vallé-Fleur, l'enfant résignée ! là, du moins, elle se reposait, là personne ne la tourmentait, ne la chargeait de travaux sous lesquels ses jeunes forces s'épuisaient ; là toujours elle trouvait Jules Pelcot, prêt à lui être utile. Si un mouton s'était trop éloigné, il le rappelait, si un autre s'égarait, il le ramenait à ses pieds, il cherchait le moyen de l'amuser, de la distraire, en lui apportant des fleurs, toutes sortes de graines pour faire des chapelets, et allait à la rivière couper le jonc qui lui servait à tresser ses corbeilles ; enfin ces deux orphelins, à leur aube déjà voilée, se consolaient, se rassuraient en s'appuyant sur ces fraternelles amitiés de l'enfance, qui ne peuvent fléchir parce qu'elles sont innocentes !

En la voyant pâle et défaillante il lui disait :

Sylvine, sais-tu que si je te regarde j'ai le cœur gros de te voir comme ça toute défaite ; toi qui étais si brave, te voilà plus blanche que cette marguerite fanée, tiens, qui est là près du buisson, où on marche tous les jours.

Elle lui répondait avec un sourire :

— C'est le bon Dieu qui le veut comme ça !

Un jour les deux orphelins s'abordèrent tout joyeux au pâturage ;

— Quel bonheur ! s'écrièrent-ils tous deux à la fois ; nos péres vont revenir !

— Oh ! comme ça te rend tout rose, la joie, dis-donc, il y

a vingt jours que la flotte a quitté le grand banc ; elle doit être
en pleine mer à présent et, s'ils ont grand largue, dans une
semaine ils seront en vue de Granville.

— Quel bonheur ! quel bonheur ! répéta Sylvine en frap-
pant ses petites mains l'une contre l'autre ; puis elle se mit à
tresser avec ardeur une couronne pour sa vierge, avec des
roses blanches d'églantier que Jules avait été cueillir dans les
buissons. Lui, s'occupait à retrancher des tiges, toutes les
épines pour que sa petite amie ne se piquât point les doigts :
soudain il s'arrête, et levant la tête il dit :

— Le ciel devient noir, il fait bien chaud ! m'est avis qu'il
va y avoir un fameux orage ; entends-tu comme il tonne au
loin ?

— Holà oui, Jules ; j'ai déjà entendu plusieurs coups, est-ce
que ça peut aller où sont nos pères ?

— Je ne peux pas le savoir, répondit le petit marin en hési-
tant ; si le vent vient de l'ouest, il souffle de leurs parages.

— Il tonne toujours plus fort, reprit Sylvine, voilà de grosses
gouttes de pluie qui tombent ; Jules rentrons nos bêtes.

Quand ils eurent rassemblé les moutons, ils se hâtèrent de
regagner l'étable. L'orage était encore éloigné, mais le vent
poussait la nuée sur Granville. Les moutons rentrés, Sylvine
demanda à son cousin s'il voulait l'accompagner jusqu'au port,
pour savoir si on avait des nouvelles des navires. La tendre
fille ne disait pas toute sa pensée ; comme le *Phœnix* et l'*Ai-
mable-Henriette* qui avaient pris les devants, étaient déjà rentrés,
elle espérait que le navire la *Maria-Léonida*, sur lequel était
son père, arriverait peut-être un des premiers. Ils partirent
malgré le temps qui menaçait ; mais ils espéraient arriver
avant la tempête, ou se mettre à l'abri dans une de ces échop-
pes adossées aux rochers où Pierre Legallet avait enfermé Rosette jusqu'au moment de la donner à sa fille. Comme ils
arrivaient à l'extrémité de la jetée, ils furent obligés de se
réfugier dans l'épaisseur du mur, sous la baie de la porte du
phare.

— Ah ! mon Dieu, s'écria Sylvine, quel coup de tonnerre !
comme le temps est noir là bas ! et son geste indiquait l'ouest.
— Regarde donc, poursuivit-elle, la mer devient comme de

l'encre ! oh ! voilà qu'elle bouillonne ! comme elle écume à présent ! et elle soupirait !

— Jules lui répondit :

— Ça sera ma foi un bien autre remue-ménage quand le grain va nous accoster. Tiens , même le jusant qui saute par dessus la jetée ! regarde comme nos pêcheurs se dépêchent de carguer les voiles ; voilà qu'ils n'ont plus qu'un bout de toile, juste ce qu'il en faut pour les conduire !

— Allons camarades, aux écoutes; hardis ! hardis! ne perdons point de temps ! bon ! Déjà trois dans le port !

— Que le bon Dieu et la sainte Vierge aient pitié des autres, reprit Sylvine tout effrayée, en les voyant lutter contre la grosse mer ; disons un *pater* et un *ave* pour eux ! ah ! maintetenant les voilà rentrés !

Il était temps, déjà le port, le roc, la jetée se couvraient de femmes, rassemblées pour voir si tous les pêcheurs rentraient sans avaries.

—Encore un éclair, dit Sylvine tremblante, le coup est parti à la fois ;

Et le tonnerre tombait entre le village de Saint-Pair et Granville.

— Entends-tu Sylvine, comme le vent bat en côte ? Ah ! on ne voit plus Chaussey ! Dieu de Dieu comme les vagues montent le long du rocher noir! Oh ! oh ! les mouettes ! vous ne savez où vous cacher !

— J'ai peur, dit Sylvine, bien peur pour eux ! Seigneur ayez pitié !

— Voilà le vent qui souffle tout-à-fait en tempête, reprit Jules Pelcot ! Ah ! quel coup de mer !

On eût dit que la jetée tremblait sous les efforts réitérés des grosses vagues.

— *Courons nous en* , Sylvine ! la mer va déferler sur nos têtes ; voilà le grain... sauvons nous , sauvons nous !

En effet , les lames venant du large, sautaient sur la jetée et retombaient dans le port avec des bruits effrayants. S'étayant l'un, l'autre, les deux enfants se hâtèrent de gagner un abri. Jules Pelcot bien que fort pour son âge , ayant eu peur d'être enlevé par le vent et jeté à la mer avec Sylvine, s'empara

d'une corde qu'il lui passa autour de la taille, il en retint les
deux bouts fortement serrés dans sa main.

— Tiens toi bien, lui dit-il, et suis moi, je vas te remorquer
comme cette coquille de noix de l'autre jour, qui aurait sombré
si la grande barque à mon oncle Legallet, ne l'avait pas amené
au port.

— Holà ! mon Dieu, s'écriait Sylvine, comme les barques se
choquent les unes contre les autres ! Il va arriver des malheurs,
c'est sûr !

Puis elle regarda la mer avec effroi, redoutant de voir au
loin apparaître une voile. L'orage ayant paru se calmer, les
enfants ralentirent aussi leur course essoufflée. Comme ils pas-
saient tout près du bassin, ils entendirent un des pêcheurs qui
disait à son camarade :

— C'est que ça vient à plein de l'ouest : quelle masse d'eau
ce chien de vent soulève depuis les Antilles jusqu'à nous !

— Nos pauvres *Terre-Neuviers* répondit l'autre, ne sont
pas à la noce ; ils en verrons de rudes ! pourvu qu'ils aient
déjà pris la pleine mer pour ne pas s'échouer à la côte !

— Ah ! ils n'en auront pas moins des avaries, les pauvres
diables ? ajoutait un troisième marin, heureux ceux qui ne
seront point démâtés ! Toujours est-il que je ne voudrais pas
être à leur place !

La pauvre Sylvine qui s'était arrêtée et retenait sa respiration pour ne pas perdre un mot de ce qui se disait, serra le
bras de Jules Pelcot de toute sa force, et lui dit tout bas :

— Entends-tu ? Nos pères sont en grand danger au moins ?
Et elle fondit en larmes.

— Bah ! ce n'est pas sûr, répliqua Jules, mais d'une voix
légèrement altérée ; la tempête ne souffle peut-être pas à
vingt lieues d'ici ; faut pas écouter ces bavards qui ne savent
que dire et que faire.

— Si nous faisions un vœu, Jules ?

— Puisque nous n'avons rien qu'est-ce que nous pourrions
offrir ? à moins que tu ne veuilles donner ta croix d'or ?

— Oh ! non, Jules, parce que c'est ma vraie maman qui la
portait toujours !

En ce moment une raffale souffla avec une telle furie que
le bruit des flots qui se brisaient sur les rochers, ressemblaient

a des coups de canon précipités et répétés par les échos !
mais déjà les enfants avaient gagné une des petites cabanes du
port, et purent ensuite retourner à leur demeure.

En rentrant, Sylvine trouva sa belle-mère fort irritée
contre elle.

— D'où venez-vous donc, lui dit-elle avec colère, fainéante,
qui me laisse tout l'ouvrage ! Voyez comme cette petite sotte
est fagotée ! .... que ça fait trembler ! est-ce que j'ai assez de
bras moi, pour soigner mon petit et tout faire dans la maison ?
ah ! je n'en puis plus !...

Mais Ursule n'avait pas rangé une seule chaise, l'heure de
fatigue qu'elle reprochait à l'enfant, s'était passée à lisser ses
cheveux, à monter un élégant bonnet, à préparer une parure
nouvelle pour la fête prochaine, à aller causer dans le
voisinage.

— Ah ça, vas-tu répondre paresseuse ? où donc as-tu été,
que tu es toute trempée ?

— J'ai été au port, répondit Sylvine, pour demander des
nouvelles de papa aux navires qui sont déjà rentrés, et j'ai eu
l'orage.

— Tu avais bien besoin de me laisser pour cela ! est-ce
qu'on ne saura pas quand il arrivera ton père ? est-ce que je
resterais là à l'attendre, et que je n'irais pas au-devant de lui ?
allons, allons à l'œuvre !

— Laissez-moi *me changer*, répliqua Sylvine, j'ai froid.

Par exemple ! il fait chaud qu'on étouffe ; c'est pour le pré-
texte de ne rien faire et me laisser toute la besogne que tu
dis-ça ! Tu vois bien que je suis trop lasse pour la finir ; dé-
pêchons nous donc, où tu verras !

— Mais puisqu'il n'y a rien de fait, reprit l'enfant avec
un sourire, qu'est-ce donc qui vous a fatiguée ?

A ces mots, Ursule, hors d'elle-même, pour la première
fois poussa rudement Sylvine qui tomba sur le plancher. La
pauvre petite se releva silencieuse, sans larmes, et fit le
ménage plus promptement encore que de coutume.

A peine une semaine s'était écoulée depuis l'orage, qu'un
matin Jules Pelcot accourait chez Ursule :

— Venez, venez, toutes les deux, leur dit-il, il y a plus
de trente navires qui sont mouillés entre l'archipel de Chaussey

et la côte ! Depuis le point du jour ils sont signalés à Granville, ils attendent pour entrer, la marée montante.

Le temps était magnifique, pas un nuage ! la mer bleue comme le ciel, paraissait douce comme l'Océan pacifique ; une brise légère soufflait de l'ouest ; la flottille, ayant vent arrière, pourrait en moins d'une heure être rendue au port.

Ursule prit son petit Pierre dans ses bras ; Sylvine et Jules se chargèrent de porter tour-à-tour le panier qui contenait des provisions pour l'enfant, et dans un trouble heureux, la famille prit le chemin le plus court pour arriver à Granville.

A la bonne nouvelle, déjà toute la population s'était levée en masse : la joie rayonnait sur les visages et plus d'un cœur battait dans l'attente d'un retour. La ville, les quais, la jetée, les canons, jusqu'aux parapets étaient encombrés d'une foule calme, silencieuse ; car il y a toujours quelque chose de grave, de solennel dans une attente, même heureuse, qui peut être hélas ! si souvent déçue !

La famille Legallet s'était assise sur l'affût d'un canon, d'où l'œil pouvait explorer la mer à une assez grande distance ; la marée montait, mais lentement, car elle n'était pas ventée. Une multitude de longues vues se dirigeaient sur un seul point dans la direction de Chaussey. Les curieux qui occupaient les hauteurs de la ville voyaient distinctement à l'œil nu, la flottille qui commençait à s'ébranler ; les signaux des phares, ceux de l'église se répétaient coup sur coup ; on eût dit qu'ils échangeaient entre-eux des paroles animées. Enfin un cri de joie s'élève de la foule attentive ! ce cri a semblé sortir de toutes ces poitrines oppressés, comme s'il n'y en avait eu qu'une seule. Ce sont les navires qui cinglent à forces de voiles sur Granville !

— Jules ! les voilà ! les voilà ! s'écrie Sylvine, avec une joie indicible ! c'est mon papa !... c'est ton papa !

Et elle embrassait son petit frère, elle embrassait Jules et sa belle-mère aussi : car le cœur devient généreux quand le bonheur l'inonde ! Voyant la mer couverte de barques, elle se retourna du côté de son cousin :

— Quel dommage, lui dit-elle, que l'ouragan ait brisé ton canot ! tu nous aurais conduits à bord de la *Maria-Léonida* !

— J'en ai aussi grand deuil que toi, vas ; sans ça, il y aurait longtemps que j'aurais filé mon nœud sur Chaussey : mais le guignon nous en veut !

— Tais-toi, tais-toi, il ne faut pas dire ce que tu dis-là, puisqu'ils reviennent, reprit Sylvine.

Un matelot qui s'était approché d'Ursule, lui apprit que les navires avaient beaucoup souffert de la dernière tempête ; que plusieurs même ne s'étaient point ralliés ; mais personne dans cette foule ne s'émut à ce récit, tant chacun avait intérêt à s'envelopper d'illusion ! tant peut-être aussi l'espérance est ancrée au cœur de l'homme quand un sentiment violent ou profond le domine !

Seule, la pauvre Sylvine, toujours ingénieuse à se créer des inquiétudes, se précipita sur sa belle-mère en s'écriant :

— Mon Dieu ! mon Dieu si c'était-là.....

— Eh bien, ne voila-t-il pas cet oiseau de mauvaise augure, dit Ursule avec humeur ; tais-toi ! je la vois la *Maria-Léonida* !

La flottille avançait en tournant les écueils ; quand elle ne fut plus qu'à quelque distance du bassin, elle commença ses manœuvres pour entrer dans le port.

— On pouvait entendre battre le cœur de Sylvine.

— On eût dit que toute cette foule palpitante n'avait qu'un seul regard ! regard avide, inquiet, profond ! interrogeant chacun des navires qui rentrait au port.

D'abord ce fut *l'Héloïse* dont le beaupré avait déjà passé le brise-lame :

Tiens ! tiens, dit Jules, qu'est-ce qu'elle a fait de sa misaine ?.. Qui est donc celle-là qui a perdu son mât de perroquet avec ses bonettes ? bah ! c'est le *Sylphe*, un joli brick pourtant !

— L'épaule de Jules servait d'appui à Sylvine qui s'élevait sur la pointe du pied, tendant le cou pour lire plus vite le nom des navires qui abordaient ; et chaque fois que son attente était trompée, elle se mutinait contre un retard qui faisait bouillonner son impatience.

— Eh ! bien, continuait le petit marin, voilà-t-il pas le *Grand-Aigle* qui n'a plus une ancre sur ses bossoirs ! c'étaient pourtant de fameuses pinces que celles-là !

La main de Sylvine tremblait comme une mousse marine.

— Ouf ! en voilà une qui n'a plus son grand hunier ! Dieu me pardonne, c'est le trois-mâts *le Granvillais* ! est-ce qu'ils vont tous revenir clopin clopant ?

— Découvres-tu la *Maria-Léonida*, interrompt la fille de Pierre Legallet, d'une voix étouffée?

— Non, pas encore !

— Ce sera peut-être l'autre qui va venir, dit-elle, cherchant à se ranimer un peu.

— Oh! oh! continua Jules, *c'est l'Hirondelle*! elle a reçu un fameux coup de mer sur sa dunette ; elle ne l'a tout de même pas perdue !

— Sylvine pâlissait.

— Hélas! mon Dieu, et la *Maria-Léonida* ! qu'est-ce donc qui lui sera arrivé? Je vois tous les autres navires! quelle est donc longue à rentrer !

Et chaque navire qui abordait, éteignait un rayon d'espérance dans ce cœur filial.

— Pour le coup, en voilà un dont les bastingages sont bien endommagés, continuait toujours Jules, mais... mais... cousine? il me semble que...Oh! oui...c'est lui!.. C'est *l'Industriel*... mon père !....

A ces mots, quitter Sylvine, ne faire qu'un saut du parapet au quai, se suspendre à l'échelle de corde accrochée au mur, voler à bord de *l'Industriel* et de là dans les bras de son père, tout cela fut pour Jules Pelcot plus prompt que le saut d'une vague poussée par un souffle impétueux !

La pauvre Sylvine, les mains tendues vers *l'Industriel*, demeurait immobile comme pétrifiée ; un sentiment de pitié profonde saisissait tous ceux qui la regardaient en passant.

Ursule, pour cette fois inquiète, s'agitait, pleurait, mais ne désespérait point encore. Enfin le dernier des navires vint s'amarer au port! alors il fallut bien se convaincre que la *Maria-Leonida* était absente !

Ce fut une désolation générale quand on vit que ce beau navire, si bien gréé, avec un si bon équipage, et tout récemment sorti des chantiers de Granville, manquait à l'appel ! L'armateur consterné, allait prendre des informations de navire en navire ; les yeux de l'immobile Sylvine suivaient les pas de cet homme, scrutaient sa physionomie afin d'en pénétrer les impressions. Le nom de son père qui sortait de tous les groupes, de toutes les bouches, la faisait tressaillir, comme si une étincelle électrique l'eût galvanisée.

— Ce brave père Legallet, disait-on de tous côtés, lui qui était si humain, si secourable, quelle perte s'il lui était arrivé malheur !

Oh ! pour cela qui le sait mieux que moi, répondait un vieux loup de mer, je lui dois la vie !

— Et moi, s'écriait une mère : il m'a sauvé mon enfant que la vague emportait !

Un matelot invalide répétait en s'essuyant les yeux : — nom d'une carène ! qui donc me donnera un coup de main pour jeter mes filets, à présent que mon camarade n'y est plus !

— Et cette pauvre petite qui est là , qui ne bouge pas plus que la tour du Phare, ajoutaient quelques femmes attendries, qu'est-ce que ça deviendra ? elle qui chérissait tant son père, et qui n'a pas trop de bon temps avec la Tolmer ! ça fend le cœur, tant seulement de la voir !

Cependant la foule s'écoulait avec rapidité ; chacun avait rétrouvé un père, un fils, un frère, un mari, un fiancé, qu'on ramenait en triomphe en échangeant de ces mille riens si remplis d'intérêt quand on a été longtemps séparé et qu'on se revoit! car ce ne sont jamais les choses sérieuses qu'on traite au premier abord.

Ursule prit doucement la main de sa belle-fille et l'invita d'un ton affectueux à la suivre, puisqu'il n'y avait plus personne à attendre.

L'enfant la suivit sans résistance , jetant un dernier regard, mais si douloureux, sur cet Océan qui ne lui avait point ramené son père, que madame Legallet en pleurs serra son petit Pierre dans ses bras en le couvrant de baisers.

— Ah ! pauvre papa, murmurait Sylvine, en sanglottant, où est-tu ? où est-tu ? ..

Elles rencontrèrent Jules et son père qui venaient au devant d'elles; ils étaient tristes tous deux. La petite fille voulut interroger le marin, sa voix s'éteignit dans ses larmes. — Elle fut comprise; mais il n'y avait apparemment rien de bon à lui dire, puisqu'on gardait le silence. Jules était tout pâle en voyant sa cousine dans un état si déplorable; il l'aida même à regagner sa demeure. Le marin Pelcot prit le petit enfant des bras de sa mère et le porta tout le chemin.

Les voilà donc revenues seules, cette jeune femme, veuve

selon toute apparence, et cette pauvre petite orpheline, si pieusement dévouée à son père ! Où est-il ce père ?......

Madame Legallet regrettait sincèrement le bon Pierre ; à son chagrin se mêlaient encore des inquiétudes qui n'étaient que trop fondées ! l'attrait du plaisir l'avait rendue prodigue, et le malheur lui donnait une terrible leçon en lui montrant en perspective, la misère ! résultat inévitable de la légèreté de sa conduite.

Quand à l'innocente Sylvine, elle redoublait de zèle et se jetait, sans s'en rendre compte, sur le travail comme sur une proie, mais ses forces trahissaient son courage. Pour ne point augmenter l'affliction de sa belle-mère, c'était à l'église qu'elle allait verser toutes ses larmes, c'était au presbytère qu'elle allait raffermir son cœur. Là, sous ce toît rustique, où la consolante charité, comme une lampe qui toujours allumée veille la demeure des vivants et des morts, elle trouvait un second père dont les douces paroles répandaient sur son chagrin leurs saintes influences ; mais souvent elle s'échappait comme un oiseau blessé fuyant la main qui voudrait ôter le plomb meurtrier.

Jules Pelcot lui était bien de quelque secours, il lui parlait de leur première communion qu'ils devaient faire ensemble, puis avec son bon sens naturel il lui représentait qu'il n'était pas raisonnable de se désoler avant qu'une certitude lui eût ôté tout espoir ; mais chaque jour ajoutait aux craintes dont elle était assaillie. Les derniers bâtiments étaient rentrés et n'avaient pu donner aucun renseignement sur la *Maria-Léonida*, le seul navire maintenant qui fût absent.

Le fils de Jean Pelcot, cousin-issu de germain de Pierre Legallet, avait une de ces natures douées de l'instinct de tout ce est bien et de tout ce qui est bon. Jules s'abandonnait à ses heureux penchants comme un ruisseau qui suit sa pente sans en pouvoir dévier. Ce naïf garçon aimait le bon Dieu, la Sainte-Vierge, les saints, son père, sa cousine à peu près d'un même amour, parce qu'au milieu de cette étrange confusion il démêlait que toute bonté vient de Dieu ; mais s'il ne possédait que peu de lumière, déjà il avait la fermeté et la franchise d'un honnête homme, joint encore à la candeur et à la simplicité d'un enfant.

Il y a des familles privilégiées qui sont comme ces arbres précieux dont les greffes ne produisent jamais que de bons fruits. La famille Legallet était de ce nombre ; heureuse si une tige étrangère ne fût venue jeter son ombre nuisible sur cette sèvegénéreuse.

La consternation paraissait toujours aussi grande dans la maison de Pierre Legallet ; Ursule abattue, sans soutien, sans énergie, ne sachant supporter ni son chagrin, ni surtout l'ennui de la solitude, errait inactive de chambre en chambre, restait des heures entières assise dans le jardin, ne songeant qu'au moyen d'échapper le plutôt possible aux tristes exigeances de sa position ; déjà même germait dans sa tête la pensée d'un second mariage ! Elle laissait de nouveau à la pauvre Sylvine tout le poids du travail.

Une nuit que la fatigue avait rendue plus favorable au sommeil ; Ursule et Sylvine sont reveillées en sursaut par un coup frappé à la porte :

— Qui donc est là, demanda Ursule effrayée ? Est-ce encore une mauvaise nouvelle ?

— Non, non, ami, ouvrez ! —

Un petit Sylphe s'élance vers la porte, l'ouvre. . . . . Pierre Legallet serre sur son cœur sa femme et ses enfants !

— Oh ! papa, s'écrie Silvine en sautant au cou de son père, j'avais tant pleuré !

Revenue de sa surprise et de sa première émotion, Ursule dit à son mari :

— Pierre comment est-tu revenu ? où est la *Maria-Léonida?*

— Pardine, elle est dans le port, belle, pimpante et leste comme toi ; plus fière que quand elle est partie ; pas une drisse de moins !

— Mais papa, interrompit Sylvine, pourquoi revenu si tard et pas avec les autres? Ah ! tu nous as fait endurer bien du mal, va !

—Demain, je vous conterai tout. J'ai un fameux cable à vous dérouler ; mais va te recoucher, j'ai moi-même grand besoin de *reposer.*

Le jour suivant Ursule, le petit Pierre, Sylvine avec sa compagne, la blanche Rosette, entourait le père de famille dont le cœur simple et bon savourait les délices des plus saintes comme des plus douces affections de la nature. Mais lorsqu'il eut jeté des regards plus attentifs sur sa fille, il fut atterré du changement de cette pauvre enfant. Un instant il demeura plongé dans une espèce de stupeur, puis avec un mouvement convulsif, il se mit à palper ses petits bras, il examina ses mains si mignonnes, ses doigts effilés, il mesura son cou plus mince que celui d'un jeune cygne, il contempla son visage allongé comme un bouton de fleur qui s'étiole, sa taille de roseau penché, et la soulevant ainsi qu'une plume légère, il la remit à sa place en poussant un cri d'effroi.

— Mon Dieu! mon Dieu! l'enfant ne pèse plus! et il s'enfuit plutôt qu'il ne sortit de la maison.

A peine eut-il fait quelques pas, que des parents, des amis, des voisins, l'accostèrent avec les témoignages de la plus vive satisfaction. C'était à qui serrerait la main de ce brave père Legallet, à qui lui adresserait le plus de félicitations sincères. Chacun l'accablait d'une foule de questions sur sa traversée, sur la cause de son retard, sur son retour, sur sa pêche, sur la *Maria-Léonida* enfin! Pierre touché de la cordialité avec laquelle il était accueilli, invita tout ce monde à venir le soir même prendre le café avec sa famille, promettant de raconter les aventures de la *Maria-Léonida*.

Comme il prenait le chemin de sa demeure deux anciennes amies de sa première femme l'arrêtèrent.

— Ecoutez donc, père Legallet, dit l'une d'elles : savez-vous que votre petite est bien malade ?

— Malade! répondit-il, j'espère que non; mais elle est si chétive, que j'ai peur de la briser quand j'y touche.

— Pierre, Pierre, ne vous y trompez pas! Sylvine ne va pas bien ; le médecin disait l'autre jour, en la voyant passer avec sa chèvre :

— Voilà une jolie petite fille, c'est fâcheux qu'elle soit. . . . c'est un drôle de nom, étique, *pisique*, non; c'est *phtisique* je crois qu'il a dit; mais n'importe, mon Pierre; le *phtisique* c'est un mal qui signifie qu'au lieu de venir, une enfant s'en va !

—Tenez père Legallet, ajouta l'autre femme, je suis franche, moi, je vais vous dire la pure vérité. Pendant votre absence, on a tué cette enfant d'ouvrage, et d'une force que nous en étions, à part nous, révoltées! si on avait osé parler en voyant ce petit mouton docile traité comme une vraie bête de somme, on aurait dit un mot à votre belle fainéante, qui allait faire les beaux bras partout ; mais on a peur d'avoir des raisons, et on se tait.

Le marin cacha son visage dans ses mains ; on voyait sa large poitrine se soulever. Il s'éloigna sans répondre ; les natures fortes souffrent, se taisent et ne se plaignent jamais ! Pierre fit à ses clairvoyantes amies un signe d'amitié ; peu d'heures lui avaient suffi pour deviner une partie de ce qu'il venait d'entendre.

— Allons, murmura-t-il, j'avais cru faire la chose pour son bien ; je me suis trompé.

Quand il fut rentré il trouva sa fille qui balayait ; sur son front plus blanc que l'aubépine roulaient des gouttes de sueur, sa petite main qu'il toucha était humide et brûlante. Alors d'une voix impérieuse et ferme, s'adressant à sa femme, il lui dit :

— Je défends dorénavant que Sylvine touche à rien dans la maison, entendez-vous ? est-ce que ce n'est pas une cruauté d'abuser des forces d'un enfant en lui en donnant plus qu'il n'en peut faire, dans l'envie de se reposer soi, quand on a de bons gros bras pour travailler ! regardez-vous, regardez-là ? Vous êtes vous donc nourrie de son sang et de sa chair ? Ursule ! Ursule ! vous n'avez pas bien traité mon enfant ; vous l'avez réduite ! je n'aurais pas cru ça de vous !

— C'est elle qui voulait tout faire, répondit Ursule rouge de honte et de dépit.

— Ça n'est pas vrai, reprit brusquement le marin ; vous êtes une paresseuse, une glorieuse qui n'aimez qu'à vous attiffer, qu'à vous amuser, batiffoler ; est-ce que c'est d'une bonne femme, tout ça ? prenez le balai, faites votre besogne et que Sylvine n'y touche plus, entendez-vous ! Viens, toi, avec ton père. Ursule, ajouta Legallet, que je trouve la maison *parée* quand nous reviendrons.

A la nuit tombée, les invités de Pierre Legallet arrivèrent, le cœur ouvert aux joies du retour, tous moins affamés des bonnes choses dont Ursule avait chargé la table que des récits promis par leur digne amphitrion. Cependant après avoir largement fait honneur au souper, les convives se rangèrent autour du narrateur, qui déjà se préparait à raconter son *odyssée*.

La veillée du marin Pierre Legallet

Deux grands fallots de résine attachés de chaque côté dans l'intérieur de la cheminée, projetaient sur l'assemblée une lumière rouge et tremblante ; on voyait sur les parois, sur les vitres et le plafond, danser des ombres fantastiques, et quelques reflets rougeâtres et sombres qui se jouaient sur le visage bronzé du narrateur donnaient à sa physionomie un aspect bizarre, mystérieux. Sylvine accoudée sur les genoux de son père, plongeait ses grands yeux dans les siens, attentive à saisir ses moindres mouvements ; on eût dit que chacun des traits paternels avait un langage qu'elle seule savait comprendre. Jules Pelcot se pressait le plus qu'il pouvait contre Pierre Legallet qui aimait ce gentil garçon comme un fils, et de temps en temps la grosse main du marin carressait la noire chevelure du gars intrépide qui était tout yeux et tout oreilles.

Ainsi commença Pierre Legallet :

— Vous savez bien, mes amis, que la *Maria-Léonida*, commandée par le capitaine *Ozannes*, et dont votre serviteur a l'honneur d'être timonnier, est un des trois-mâts le plus crânement gréé qui soit jamais sorti des chantiers de Granville. Cette jeune princesse donc, qui pour la première fois faisait connaissance avec Neptune, s'est conduite, oh dame ! comme si elle naviguait depuis des années ! C'était plaisir à la voir toutes voiles au vent, pavillon déployé, se balancer, se redresser sur sa quille, et passer devant les autres avec des airs de reine à vous faire mettre bas tous les chapeaux ! Elle filait plus de dix nœuds à l'heure, mais nous ménagions la toile afin d'aller tous de conserve. Le temps était superbe, c'était à qui serait plus aimable du ciel ou de la mer où nous glissions comme sur de l'huile. Enfin c'est pour vous dire que notre traversée, d'ici au grand banc, fut ni plus, ni moins qu'une promenade réjouissante, et que nous avons abordé tout droit à Terre-Neuve sans calme plat, ni anicroche. La saison, comme tu sais Jean Pelcot, n'a pas été trop rude ; bref, notre pêche fut presqu'aussi miraculeuse que celle de feu mon patron saint Pierre ! Et quand nous eûmes bien empli le ventre de nos *Terre-Neuviers*, voilà que nous nous mettons en branle-bas de retour. Beau temps pour commencer, jolie brise comme pour aller ; mais ça n'a

guère duré, mes braves : voilà-t-il pas que le capitaine, qui
depuis un moment avait sa longue-vue braquée dans les étoiles,
quoiqu'on n'en voyait point puisque nous étions en plein midi,
et vous connaissez le proverbe ?

Comme les auditeurs riaient et surtout Jules et Sylvine ;

— Taisez-vous, attentifs au commandement !

— Fermez les écoutilles, serrez la grande voile, que fit notre
capitaine, et comme le vent commençait à souffler :

— Serrez les huniers, serrez-tout, point de perroquet ! —
Et cet enragé de vent soufflait toujours plus fort.

— La barre au vent !

Ah ! pour celui-là ça regardait le père Legallet, qui en vaut
bien un autre ! un coup de barre à faux, et notre morue nour-
rissait les merlans ! Ah ! Diantre ça ne plaisantait plus, c'est que
le grain n'était pas mince ! vous le savez bien quelques uns de
vous autres qui assistiez à la danse ?

Et nous aussi, interrompit Sylvine, nous le savons bien, pas
vrai Jules Pelcot ?

— Oh ! oui dà, pour celui-là je n'en avais pas encore vu un de
son calibre, répondit-il.

— Et nous mes enfants, reprit Pierre, nous n'étions pas à la
noce ! et pourtant la *Maria-Léonida* et l'*Industriel* dansaient
une fameuse polka. C'est que tout s'en mêlait, la pluie, la grêle,
les éclairs, le tonnerre, enfin tout le tremblement de là-haut !
C'était un vacarme d'enfer ! Les navires s'en allaient de droite,
s'en allaient de gauche comme s'ils avaient été des hommes
ivres, et pourtant, nous embarquions, malgré nos écoutilles
fermées, plus d'eau salée que de vin de madère. Ce diable de
vent soufflait, soufflait, fraîchissait de plus bel, la mer ressemblait à une vraie chaîne de montagnes qui seraient couvertes de
neige. J'ai pas vu les Alpes, mais ça doit être tout pareil.

Nous avions fait notre acte de contrition ; nous n'allions plus
que deux de conserve ; nos capitaines tenaient bon ; mais nous
ne savions pas si les camarades ne servaient point de souper
aux requins : car nous n'apercevions même plus l'ombre d'un
mât ! Comme nous filions grand vent arrière , nous apercevons
à bâbord, un peu derrière nous, un navire qui nous faisait des
signaux de détresse. Dame ! c'est que nous n'étions pas loin des
îles Canaries, mais du Diable si j'avais envie d'y aller dénicher

des serins ! Et ce coquin de pic de Ténérif qui ressemblait à un grand géant qui nous menaçait. Cependant, foi de Pierre Legallet ! ça ne nous empêcha point de virer *lof pour lof* pour aller secourir ce pauvre bâtiment, déjà couché comme une carpe au soleil. L'équipage était en train de couper ses mâts, sans quoi ils étaient bientôt chavirés, comme toi, mon gars quand tu fais la culbute sur les glacis.

— C'est pas risible dà, père Legallet, ce que vous nous racontez, répartit Jules Pelcot.

— Holà non ! papa, j'en ai le cœur froid, ajouta Sylvine.

— C'est tout de même bien intéressant, dit l'assemblée, continuez-nous l'histoire, père Legallet !

Eh bien ! Messieurs et Mesdames, je vous dirai donc, que nous allions au plus près du vent, ce qui fatiguait fameusement la *Maria-Léonida*. L'*Industriel*, qui d'abord avait navigué dans nos eaux, était disparu, plus personne ! Heim ! Jean Pelcot, c'était une fière brise comme celle qui nous a séparés ?

— Ah ! nom d'un flambart, c'était plutôt Satan qui soufflait sur nous, répliqua Jean Pelcot ; notre timonier au lieu de mettre la barre au vent comme vous autres, il mit la barre à tribord et nous voilà poussés comme un brin de varech par les flots. C'est notre capitaine qui n'a pas été content de vous laisser là ! mais vrai il ventait si grand frais qu'on en avait des étourdissements.

Pierre reprit sa narration.

Je vous disais donc que nous n'étions plus qu'un ; notre capitaine fit mettre le cap sur le bâtiment qui était en train de périr ; alors la raffale donna grand largue dans nos cordages, ce qui nous faisait une plus drôle de musique que n'en font les cordes d'un violon, et quoique nous *n'avions* gardé qu'un petit bout de toile, pour assurer la *Maria-Léonida*, nous arrivâmes comme un goéland sur le navire ; son canon d'alarme nous appelait depuis plus d'une grande demi-heure ; par Saint-Pierre, mon patron, il était furieusement malade, le démâté ! (nous pouvions d'un moment à l'autre le devenir comme lui) mais n'importe, la marine marchande pas plus que l'autre ne doit pas laisser le prochain à la mer, par peur, comme des couards !

Pauvre navire ! il avait joliment talonné celui-là, sur une des roches sous marines qui tournent autour de l'île Furte-Ventura, (1) et voilà qu'en l'accostant, nous voyons qu'une large voie d'eau s'était déclarée, et que le bâtiment embarquait plus d'eau que les pompes n'en rejetaient ! Puis, c'est que les raffales se suivaient près à près, et qui étaient si violentes, que le navire chargé d'un poids toujours de plus fort en plus fort, descendait comme sur une montagne à pic les lames qui ouvraient des profondeurs à faire suer froid, si on n'était pas résolu ! Il menaçait à tout moment de sombrer ! Ce malheureux navire désemparé, était la *Delaware*, de New-Yorck, chargé de coton pour le Hâvre, cinquante hommes d'équipage, vingt passagers. Ce bête de cri, nous sommes perdus ! avait produit son effet ; le pont se couvrait de tous ces pauvres diables plus morts que vifs, qui se recommandaient à tous les saints du Paradis. C'était des cris, des menaces, des vociférations, quoi ! que le capitaine qui nous hêlait pour le sauvetage, ne savait plus où il en était.

— Soyez *parés* (2) à mettre les canots en mer, commanda notre capitaine.

— Pas possible, s'écrièrent les matelots indécis.

— Alerte au commandement ! garçons et rondement ; vous voyez bien que la mer s'appaise.

Elle ne s'appaisait pas trop. Pourtant à force de bras, nous vînmes à bout de descendre trois canots à flot ; puis voilà qu'une raffale d'enfer fraîchit et envoie le premier se briser en mille miettes contre la coque de la *Maria-Léonida* ; les deux autres accostèrent ; mais quelle confusion ! C'est qu'on ne fut point capable de les arrimer ; voilà qu'ils sautent tous à la fois dans le canot ! Un gros homme, lourd et ventru comme un navire Hollandais, un gros lâche, (que j'aurais bien envoyé d'avance, boire à la grande tasse) saute du haut du pont en plein milieu du canot.. pouf ! il est sombré ! ah ! mon Dieu ! pas possible d'en sauver un seul de celui-là ! des masses d'eau leur tombaient comme du plomb sur la tête ! L'autre canot eut

____

(1) Une des îles Canaries.
(2) Terme de marine pour dire *prêt à*.

plus de bonheur, lui ; il amena douze passagers à notre bord.
Moi j'étais resté sur le pont de cette pauvre *Delaware* où il y
avait encore une partie de l'équipage, le capitaine et un jeune
Monsieur avec *sa jeune Dame* qui se tenaient par la main ; la
foule les avait écartés, je m'en doute. Et le Monsieur qui avait
vu chavirer le canot avait eu peur de risquer sa *Dame*. Quand
je sautai sur le pont, on ne voyait déjà plus les *bossoirs*, et
la mer commençait à gagner les *dalots* ; au moment où je leur
prenais les mains, à ces deux jeunes gens, pour les faire
descendre dans le canot, il souffle une bourasque, mais une
telle bourasque qu'en moins d'une seconde, plus de canot ! il
était allé accoster la *Maria-Léonida*. Plus moyen de sauver
personne qu'à la nage ! Et la mer était bien trop grosse pour l'instant. Un monstre de flot souleva la *Delaware*, et la mit encore
sur le flanc, un autre flot la releva. A ce moment le tonnerre
éclata comme une bombe, les vents sifflèrent comme des serpents, et les vagues, ça vous murmuraient comme des voix
dans les abîmes! J'attendais une *embellie* pour tâcher de sauver
ce gentil couple ; quel dommage s'il avait fallu les laisser manger aux poissons ! — De grosses lames déferlaient à chaque
seconde sur le pont ; elles menaçaient de nous enlever ni plus,
ni moins que des brins de paille ; il faisait plus noir que dans
une cave. Ce pauvre Jeune Monsieur serrait dans ses bras sa
femme qu'il appelait sa chère Ernestine ; il lui disait des choses,
des choses qui m'auraient bien fait pleurer, si j'avais eu le
temps ! A chaque éclair, c'est qu'elle était si pâle, mais si pâle !
Je la vois encore, avec ses grands cheveux défaits par l'ouragan, et qui flottaient dans le vent comme des lanières d'une voile
déchirée, que s'en était pitoyable ! Mes amis, la *Delaware* résis-
tait pourtant toujours. Grâce à nos bras et au travail du reste
de l'équipage, l'eau ne montait plus si vite. Il y eut encore une
embellie ; pas une minute à perdre ! Je m'approche de la jeune
dame, je vas la saisir, quand elle m'échappe comme un oiseau ;
puis elle se cramponne au cou de son mari en criant : non, non
je ne veux pas me sauver sans lui ! En sauver deux à la fois,
pas possible ! La tempête était loin de mollir ! Le pauvre mari
repoussait sa dame de mon côté ; ah ! bien oui, elle le tenait
si fort, qu'on lui aurait brisé les os plutôt que de la faire lâ-
cher. Pendant le débat, nous perdions l'occasion de notre salut.

Je crois bien que je jurais un petit brin ; mais j'étais si émotionné de voir ces bons jeunes gens se disputer pour mourir ensemble plutôt que de se sauver tout seul, que j'en avais du brouillard dans les yeux.

Ah ! papa, papa, il fallait l'emmener de force malgré tout ; son mari *s'en serait venu* après, dit Sylvine en pleurant.

C'est bien ce que je cherchai à faire, et ce que j'ai fait ; à un moment où elle avait lâché son mari, je vous ai enlevé cette jolie mignonne, et je l'ai jetée avec moi à la mer qui était un peu moins mauvaise ; je l'ai amenée par ses grands cheveux...

— Oh ! là ! là ! s'écria Sylvine.

— Jusqu'à la *Maria-Léonida* ; là les camarades me sont venus en aide. Mais quand elle fut remise un peu, et qu'elle aperçut son mari à genoux, sur le pont de la *Delaware*, et qui remerciait le bon Dieu de ce qu'elle était sauvée, il fallut la tenir à plusieurs pour qu'elle ne se jetât point dans la mer ! C'est qu'elle joignait ses petites mains ! C'est qu'elle me suppliait tant et tant d'aller lui chercher son Gustave, comme elle l'appelait ! Foi de père Legallet, je n'avais pas besoin qu'elle me commandât. On m'avait passé une corde autour des reins, je me rejettai à la mer ; j'atteignis encore la *Delaware* qui plongeait, plongeait toujours dans l'attente de pis ! *Précipitez-vous à la mer*, que je dis au jeune Monsieur ! C'est que sans barguigner, aussitôt dit aussitôt fait ; il se jette, fait le plongeon, je le repêche, il m'échappe, je le ressaisis encore, puis nous disparaissons tous deux : on nous crus *péris ! Je reparais ... mais tout seul ! Ah ! la pauvre petite femme ! quel désespoir ! Pourtant il reparaît à son tour sur la lame, et je le remorque si bien cette fois, que grâce à Notre-Dame de Bon-Secours, je pus rendre à ce petit cœur de femme son cher Gustave ; mais elle n'avait plus de connaissance quand nous abordâmes. Je voulais tout de suite retourner dans le canot pour tâcher de sauver encore du monde avec le capitaine ; mais voilà que tout-à-coup une trombe comme un grand géant qui avait sa tête dans les nuées, et ses pieds sur la mer, passe entre la *Delaware* et nous, et gouverne sur le malheureux navire ! — Au secours ! s'écria l'équipage, en se rejetant sur l'arrière ! Mais la montagne tout en écume, crève comme un raz de marée sur le navire.... Puis on ne vit plus rien !

— Nom d'une carène, quel sinistre, s'écria Jean Pelcot !

— Papa ! si pourtant tu étais retourné au navire, quel malheur !.....

— Eh bien ! comment tout cela a-t-il fini, demanda Ursule ?

— Ça a fini que lorsque la petite dame fut revenue à elle, et qu'elle ne vit plus la *Delaware*, elle cacha sa tête sur l'épaule de son mari, pleurant comme une Madeleine ; après quoi, elle remercia le bon Dieu de ce qu'ils étaient sauvés ; elle remercia aussi Pierre Legallet qui y avait un petit peu aidé. Bah ! est-ce qu'elle ne me sauta point au cou, cette blanche colombe ! au cou de Pierre Legallet ! ma foi, je me laissai faire, mais quand je sentis ses deux petites lèvres sur ma joue tanée, brûlée, toute noire on aurait dit que l'ouragan avait poussé deux feuilles de rose sur mon visage. Le mari, lui, je crois qu'il m'aurait baisé les mains si je l'avais laissé faire !

— Bravo ! bravo ! vive Pierre Legallet ! s'écriait l'assemblée tout d'une voix, Sylvine embrassait son père avec ardeur, Jules Pelcot lui serrait les mains de toutes ses forces en s'écriant :

— Je parie que c'est ce beau Monsieur et cette jolie dame que j'ai amenés dans mon canot tout neuf, et que j'ai conduits à l'*Hôtel-du-Nord*, le plus beau de l'endroit, dà ?

— Tu l'as deviné, mon garçon.

—Mais ce n'est pas encore tout, poursuivit Pierre, voilà deux présents que je n'ai pas pu refuser de ces braves gens du bon Dieu : une chaîne d'or pour toi Ursule, et une autre pour toi Sylvine, sans ce que je ne vous dirai pas tout de suite.

— Quel bonheur ! que tu ne te sois point noyé avec eux, Pierre, dit Ursule en regardant la chaîne avec admiration.

— Dame ! j'ai aussi gagné quelque chose, moi mes amis, c'est une bonne fièvre qui me tient toujours, elle a jeté l'ancre sur ma peau.

— Pauvre papa ! tu es malade et tu ne nous l'as pas dit !

Le lendemain de la veillée, Pierre se sentit fatigué ; espérant que l'air lui ferait du bien, il dit à sa fille d'aller chercher ses moutons et sa chèvre et de venir avec lui au Vallé-Fleur.

Ecoute, petite, lui dit ce bon père, lorsqu'ils furent arrivés au pâturage : tu n'es guère heureuse à la maison ; je ne te ques-

nonne pas ; mais je vois clair, voilà tout ! Tranquillise-toi, j'ai
une fameuse nouvelle à t'apprendre. Tu sais, ce jeune Monsieur
et cette jolie dame, c'est ça de bons cœurs, et reconnaissants !
C'est qu'ils m'ont demandé, mais demandé comme on prie le
bon Dieu, de te prendre avec eux !

— Oh ! mais papa !

— Ecoute jusqu'au bout : ils veulent donc t'emmener partout
avec eux, te donner de l'éducation, te faire un sort, sans te
changer de condition pourtant, de façon que quelque chose qui
arrive je puis vivre ou mourir bien tranquille !

— Papa ! répondit très-vivement Sylvine, je ne veux pas te
quitter, j'aimerais mieux être malheureuse tout le long des
jours et faire le double d'ouvrage que de m'en aller d'*avec toi* !
J'aurai aussi bien de l'ennui de ne plus voir mon petit frère,
ni Jules, mon cousin !

Tout cela est bel et bon, mon enfant ; je sais ce que je sais ;
tu ne te portes pas bien, il n'y a pas à louvoyer pour te guérir.
Il faut que tu ailles dans un beau pays bien doux, où il y a
toujours du soleil, et pas de brumes, avec de bonnes gens qui
sont riches et te feront bien soigner !

— C'est égal, interrompit Sylvine en pleurant, j'aime mieux
rester avec toi !

— Mais puisque je ne t'ai pas tout dit, et que tu m'inter-
romps toujours. Tu ne t'en iras avec ces braves gens, entends-
tu, que pendant le temps de la pêche et tu me *rallieras* quand
je rentrerai. Es-tu contente, voyons ?

— Dame ! papa, c'est différent, je le veux bien comme ça ;
d'abord moi j'aime déjà la jolie dame, parce qu'elle ne voulait
pas être sauvée sans son mari.

Cette perspective souriait maintenant à Sylvine ; elle se disait avec cette joie curieuse qui fait voir tout en beau dans un
âge aussi tendre : — pendant que papa et Jules seront à la pêche, j'irai avec la bonne dame qui m'emmènera bien loin, où il
y a de si belles choses, et puis je reviendrai au pays quand
papa et Jules y reviendront, quel bonheur !

De tous côtés l'heureuse Sylvine recevait des félicitations,
car quiconque la connaissait, l'aimait et lui voulait du bien !

De retour chez lui, Pierre se sentit plus souffrant que la

veille, la fièvre redoublait; le médecin qu'on avait fait appeler, trouva la maladie plus grave qu'on ne le pensait.

Le jour où il avait sauvé les deux passagers de la *Delaware*, après avoir travaillé de toutes ses forces il s'était jeté tout en sueur à la mer avec la jeune femme, puis il avait lutté si longtemps contre les flots pour ramener son mari à bord de la *Maria-Léonida*, que dès le soir même, la fièvre l'avait saisi et ne l'avait plus quitté.

Enfin, le médecin désespéra bientôt des jours de ce brave et digne Pierre et s'en ouvrit à lui-même. Le marin fit venir sa fille près de son lit et sans lui dévoiler la catastrophe qui allait la rendre orpheline, il lui fit beaucoup de recommandations relatives au temps qu'elle passerait avec ses protecteurs; ensuite il lui remit une petite boîte renfermant deux cents francs en or qu'il lui destinait depuis long-temps.

La pauvre enfant, par un pressentiment qu'elle ne s'expliquait pas, fondit en larmes, mais sans oser faire la moindre question à son père. Il est des malheurs qu'on ne peut ni qu'on ne veut prévoir; on cache alors sa pensée au fond de son âme, comme le condamné ferme les yeux à l'image de l'échafaud!

Il fallait être témoin des soins que Sylvine donnait à son père, avec une intelligence au-dessus de son âge. C'est que les facultés du cœur se développent avant celles de l'esprit et souvent forcent celui-ci de les suivre. Ursule aussi, soignait assiduement son mari, elle sentait que sa perte la plongerait dans une cruelle position, elle ne pouvait non plus se défendre d'aimer et d'estimer ce digne homme. Toute la journée la maison ne désemplissait pas de personnes qui venaient savoir des nouvelles du malade. Enfin, malgré les soins habiles du médecin, et ceux plus tendres de sa famille, Pierre Legallet après avoir reçu ses sacrements et béni ses enfants et sa femme, mourut le 15 septembre 1833. Tous les marins du port de Granville, conduits par cette générosité qui anime en toute occasion notre armée de terre et de mer, ayant appris que la légèreté de la veuve de Pierre Legallet laissait au petit Pierre la perspective de la misère, l'adoptèrent d'un accord unanime. Les derniers moments du bon père furent donc adoucis, non-seulement parce qu'il était rassuré sur le sort de son fils, mais encore par la certitude que Sylvine avait trouvé des protecteurs et que son avenir était assuré.

Hélas! elle n'y songeait pas à son avenir, la pauvre orpheline! La douleur était trop forte pour cette fragile enfant. Elle en était submergée ainsi qu'un frêle esquif dans une tempête soudaine. Son œil terne, la blancheur de son teint, sa tête penchée comme un jeune saule sur une tombe, son morne silence, parlaient plus haut que des cris de désespoir. Mais au presbytère, elle trouvait toujours un soutien dans le pasteur. Ce père des orphelins ressentait pour elle une véritable prédilection, démêlant tout ce que recélait cette âme, qui sans doute un jour, dans sa simple ignorance, répandrait le charme de ses vertus, comme les fleurs laissent échapper leurs parfums sans le savoir. Il l'entretenait longuement de sa première communion, de ce grand acte qui place un instant l'âme humaine peut-être au-dessus des anges : il promettait à cette infortunée, des forces et des grâces qui ne manquaient jamais aux âmes simples et confiantes; aussi la pieuse orpheline ne sortait pas de la maison de charité sans y avoir puisé plus de résignation à la volonté de Dieu.

On la voyait souvent en prières à l'église qui s'élève à l'entrée du cimetière comme une consolation, une espérance, une promesse! Tous les matins, elle déposait quelques fleurs des champs sur la fosse récente. Jules avait été chercher à Granville des rosiers, des pervenches, un jeune tamarin qui croît ici dans les grèves, et il les avait plantés autour de cette sépulture où il priait avec Sylvine.

Ursule dans les premiers instants de son malheur, montra quelque sensibilité, et loin de faire travailler cette pauvre petite comme par le passé, elle l'empêchait de se trop fatiguer. Cependant le caractère mobile de la veuve frivole ne put supporter long-temps cette vie douloureuse et sombre; à peine six semaines s'étaient-elles écoulées depuis la mort de Pierre Legallet que déjà elle se demandait quand elle pourrait sortir de cette retraite sévère; bientôt ses courses plus longues employèrent plus de son temps hors de chez elle; enfin elle ne laissa point échapper une occasion de se distraire; presque toujours elle emmenait le petit Pierre, de sorte que Sylvine restait seule à la maison jusqu'au soir.

Cependant une pieuse préoccupation absorbait l'orpheline ; c'était de voir la tombe de son père sans aucun témoignage de souvenir : incessamment elle demandait à sa belle-mère de faire élever une croix sur cette tombe vénérée ; Ursule répondait qu'elle y songeait, qu'elle allait s'en occuper ; mais les semaines s'écoulaient, et la tombe demeurait privée de l'insigne religieux. Un jour pourtant, Sylvine insista davantage et finit par presser très-vivement sa belle-mère de remplir sa promesse.

— Nous n'avons pas d'argent, lui répondit la veuve de Pierre Legallet ; demain je vendrai des moutons et avec le prix de la vente, nous ferons faire une belle croix pour mon pauvre Pierre !

L'orpheline fut chercher sa chaîne d'or et la présentant à sa belle-mère, elle lui dit :

— Si au lieu de vous défaire de nos moutons, vous vendiez ma chaîne, vous pourriez acheter une pierre et une croix pour mon père ! et elle pleura amèrement.

La chaîne fut acceptée et le monument promis ; les moutons s'en allèrent tour-à-tour chez le boucher, et la croix ne parut point sur la tombe. Il ne restait plus à l'orpheline que le présent de son père, sa chère Rosette. Un jour qu'elle la conduisait au Vallé-Fleur, elle rencontra Jules qui venait au-devant d'elle pour l'aider à marcher : ce jour-là était un de ces dernier beaux jours d'automne ; les deux enfants s'assirent sur la pelouse qui commençait à jaunir et à se couvrir de feuilles tombées des buissons, ils étaient tristes et gardaient le silence ; Sylvine le rompit la première.

— Jules ; lui dit-elle, puisqu'on ne met pas de croix sur la fosse de papa, moi j'en commanderai une et je l'y ferai placer.

— Tu sais bien que la Tolmer ne veut pas que tu t'en mêles, elle a dit que ça la regardait toute seule.

— Je ne le crois pas, Jules, ça me regarde aussi bien qu'elle ; j'ai envie de lui faire dire par Monsieur le curé, qu'il faut que la tombe de Pierre Lagallet ait une croix comme les autres.

— Tiens, c'est vrai, tu as toujours de bonnes idées toi ; mais mon Dieu comme t'es défaite ! tu n'as plus l'air que d'avoir le souffle ! il faut tâcher de te guérir.

— Bah ! qu'est-ce que cela me fait de mourir à présent, puis-que je n'ai plus personne pour m'aimer sur la terre !

— Tu n'as plus personne sur la terre, méchante ! ah ! que si il y a encore quelqu'un ! Quand je serai grand, moi, je t'aimerai, nous nous marierons, et je travaillerai comme nos deux pères pour que tu n'aies pas *grands tracas* à la maison.

— Mon bon petit Jules ! il y a loin d'ici là !

— Mais, dis donc Sylvine, tu deviens bien blanche ! est-ce que tu es malade, dis ?

— Non, je suis seulement toute étourdie ; il y a des mo-ments où ça me bourdonne dans les oreilles si fort que je n'entends plus la mer qui bat contre nos rochers ; je n'entends même pas la cloche de notre paroisse ! Mais Jules, il me sem-ble qu'il y a comme des voix tristes qui me chantent dans le cœur : c'est papa !..... c'est maman !

— Puisqu'ils sont dans le ciel, ils n'ont plus de voix tristes, reprit Jules ; c'est ton chagrin qui te fait croire tout cela, il ne faut pas t'en laisser mourir ! Et cette belle Madame qui doit t'emmener pendant que je serai mousse ! je suis bien sûre que tu seras contente avec elle !

— Contente, cousin ! je ne peux plus avoir de la joie de-puis que maman et papa sont dans la terre, et leur âme dans le ciel ! Et puis, j'aurai regret à mon petit frère, à toi aussi Jules !

— Mais tu reviendras au pays, Sylvine ?

— Je ne le quitterai peut-être pas le pays ; qui sait ?.....

Rentrée dans la maison, Sylvine trouva sa belle-mère qui achevait une robe de deuil assez élégante.

— Est-ce que vous avez commandé la croix, lui demanda-t-elle ?

— Non, pas encore, répondit Ursule, j'y pense, mais c'est l'argent qui manque.

— Je vous avais donné ma chaîne pour la vendre !

— Oui, mais j'ai eu besoin d'argent pour le plus pressé.

— Eh bien ! reprit l'orpheline, puisque ma chaîne n'a servi à rien, j'ai de l'argent ; voulez-vous venir avec moi, nous achèterons un beau monument que papa aura sur sa tombe !

En achevant ces mots, elle courut chercher l'argent ; elle ne le trouva plus ! Elle revint en toute hâte dans la salle et demanda avec quelqu'émotion à la veuve Legallet si elle avait eu besoin dans son armoire, puisque tout y était dérangé? Ursule rougit et répondit :

— Oui, Sylvine, j'ai pris notre argent que j'y ai trouvé, parce que ton petit frère n'a plus de blouse, ni de bas, et que j'étais sans une bonne robe.

L'orpheline stupéfaite dit :

— Mais il était à moi l'argent! papa me l'avait donné!

— Eh bien! on te le rendra ton argent..... d'une façon ou d'une autre! Je gage que si je te l'avais demandé pour nous, tn nous l'aurais donné?

— Oh! oui, à une condition, c'est que vous auriez mis une croix sur papa; mais puisque vous l'avez l'argent, il faut la faire mettre tout de suite!

— Nous verrons, nous verrons, répliqua la veuve Legallet.

— Non, non, il ne faut pas attendre qu'il n'y ait plus rien; n'est-ce pas que vous allez l'acheter, dites?

— Ah ça! tu m'ennuies avec ton rabachage!

— Je ne veux pas vous ennuyer, continua l'enfant; seulement, puisque vous avez l'argent, je vous en prie, achetez bien vite la croix?

— Va te promener avec ta croix! ça ne le ressuscitera pas ton pauvre père! Quand nous serons plus riches, nous en mettrons une qui ira jusqu'au clocher!

Ensuite prenant le petit Pierre dans ses bras, elle ajouta :

— Je vais à Coutances, pour voir la Cour d'assises où il y a une affaire capitale; j'y resterai deux jours; tu n'as pas besoin de m'attendre avant; tiens voilà de l'argent pour t'acheter du pain, et tout ce qu'il te faudra; puis elle sortit.

Voici donc l'orpheline dans l'abandon! privée de ses appuis naturels, trop jeune et trop peu développée pour chercher en elle-même des ressources qu'elle n'y soupçonnait pas encore! Sa pensée naïve s'élevait bien jusqu'à Dieu pour lui demander des secours, mais elle ne comprenait ni toute leur étendue, ni toute leur puissance. Une idée fixe la préoccupait, la poursuivait sans relâche. Toujours, toujours cette tombe sans croix funéraire se montrait à elle comme un reproche, une obsession. Hélas! tous les moyens d'accomplir son pieux dessein lui avaient été successivement enlevés! Comment faire puisqu'elle n'avait plus d'argent? Jamais, peut-être, sur cette tombe ne s'élèverait le signe vénéré qui dit à tous: *Priez pour lui!* Pauvre enfant! cette pensée la désolait, rendait son chagrin plus amer! — Il lui vint pourtant une idée! une idée qu'elle aurait voulu communiquer à son petit cousin Jules;... il était à la pêche avec son père! Ce qu'elle avait conçu ne pouvait s'exécuter qu'en l'absence de sa belle-mère. La journée touchait à sa fin, il ne lui restait donc plus que le lendemain pour accomplir l'acte de piété filiale qu'elle méditait en secret.

Occupée de son dessein, Sylvine se coucha très-tard, dormit peu, et dès l'aube elle était levée. Après sa prière qui fut plus longue que de coutume:

Allons! se dit-elle, bon courage, c'est pour papa!

Elle alla chercher sa chèvre et se mit à la traire; puis passant ses bras autour du cou de Rosette, elle la serrait avec transport!

— Rosette, Rosette! lui dit-elle, comme si la pauvre bête avait pu la comprendre; il faut nous quitter! allons ma bonne petite nourrice, je vais encore une fois déjeuner avec ton lait.

Elle eut bien de la peine à le prendre! puis il parut qu'un combat s'élevait dans le cœur de l'orpheline: elle se levait, se rassayait, se relevait, décidée à une chose qu'elle abandonnait aussitôt; après bien des hésitations, des alternatives de volonté et faiblesse, elle prit enfin son parti.

Elle mit sa *cape*, puis attacha une corde autour du cou de Rosette, qui semblait demander à sa maitresse pourquoi ces précautions inusitées!

— Ah! ne me regarde pas comme ça, pauvre Rosette, dit l'enfant attendrie; tu me ferais manquer de cœur!

Sylvine avec la docile Rosette s'achemine donc vers Granville; arrivée au marché, elle s'y établit avec sa chèvre; peu de temps après, une fermière lui en offrit quinze francs qu'elle accepta. Quand l'orpheline vit la résistance que faisait son ancienne compagne pour suivre la villageoise, elle s'enfuit sans se retourner, cherchant à ne pas entendre les bêlements douloureux de l'animal fidèle.

C'était papa qui me l'avait donnée, dit-elle avec un soupir profond! et ce fut tout!

Arrivée sans ralentir sa course, devant une fabrique de monuments funèbres, elle y entra et fut vivement contrariée de ce que le maître en était absent.

— Savez-vous si votre père va bientôt rentrer, demanda-t-elle au jeune garçon qui gardait le magasin.

— Il ne reviendra que demain, mais s'il y a quelque chose pour votre service je suis là.

— Je voudrais bien la croix que j'ai fait mettre de côté l'autre jour, vous savez ?

— Ah ! bien oui, elle est là, mon père m'a dit que si quelqu'un venait la chercher de votre part, mamzelle Sylvine, de la donner.

—Tenez, voilà les quinze francs que votre père m'a demandés pour la croix; voulez-vous me la donner.

— Pourquoi pas ? prenez-là, mais est-ce que vous n'avez pas quelqu'un pour vous la porter ? quoiqu'elle ne soit pas bien lourde.

— Ne soyez pas en peine, merci.

L'enfant s'empara de la croix, la chargea péniblement sur ses épaules, et pour échapper aux regards curieux, prit une espèce de labyrinthe de rues détournées qui s'enlacent comme des serpents derrière la promenade de Granville. Elle parvint non sans peine au sentier solitaire qui conduit au Vallé-Fleur; puis ralentissant le pas, elle suivit ce sentier jusqu'au moment où elle descendit dans le vallon, au-delà de la rivière, pour gagner la pente escarpée qui mène à Saint-Nicolas. Arrivée où cette pente se boise des deux côtés, elle s'arrêta pour prendre haleine : car il fallait ménager des forces déjà presqu'épuisées. On était au mois de décembre; un vent glacial sifflait dans les pins et dans les autres arbres dépouillés; le ciel se voilait de nuages noirs et menaçants; quelques flocons de neige commençaient à tourbillonner.

— Mon Dieu ! faites que j'arrive, s'écria-t-elle, en reprenant sa marche !

Le sentier devenait de plus en plus difficile : une raffale soudaine faillit la renverser et la faire rouler jusqu'au fond du vallon, mais elle s'était couchée sur sa croix pour laisser au vent moins de prise. La raffale appaisée, Sylvine se releva, reprit sa croix, et recommença courageusement à monter son calvaire ; la tempête plus furieuse, la contraignit de s'arrêter encore : elle tomba à genoux, puis avec cette foi vierge que le moindre souffle de doute n'a jamais ni effleurée, ni ternie, elle fit cette prière : — Seigneur mon Dieu ! vous qui avez porté votre croix, donnez-moi la force de porter aussi la mienne !

Elle rechargea son fardeau sur ses frêles épaules et se sentit quelque peu fortifiée, ranimée. Enfin par un redoublement d'efforts, elle venait d'atteindre la grande plaine qu'elle avait à traverser avant d'arriver au cimetière, la sueur ruisselait de son front, la fatigue l'accablait : impossible d'avancer !

— Mon Dieu ! pensa-t-elle, si je pouvais me reposer seulement quelques minutes sur le banc que je vois là bas !

Mais la pauvre petite était encore bien éloignée de ce banc placé au bord du sentier qui partage la plaine. Elle essaya pourtant de s'y traîner ; hélas ! une tourmente de neige comme il en surgit tout-à-coup dans les Alpes, un vent impétueux comme l'Atlantique en déchaîne sur ses bords, vinrent assaillir la pieuse orpheline. Glacée subitement par la brise, aveuglée par la neige, poussée et repoussée par les tourbillons, perdant sa respiration, ses forces, elle cessa de lutter, et finit par s'abandonner aux fureurs de la tempête avec une surexcitation qui redoubla son énergie presque surnaturelle, et elle se trouva sur le siège rustique, sans savoir comment elle y était parvenue.

— C'est la volonté de Dieu, se dit-elle, qui m'a portée où je suis !

La nuit était venue ; pas un être vivant qui eût osé s'aventurer dans cette plaine glacée où l'herbe frissonnait sous la neige. La lune se levant dans un sombre horizon, éclaira un instant ce triste paysage. Sylvine contemplait de son banc la mer qui déroulait à perte de vue ses vagues solitaires. L'orpheline se ressouvint alors de toute la vie de son père, et elle pleura ! Il lui restait encore un assez long trajet à parcourir avant d'arriver au cimetière du village ; quand elle voulut se lever, elle sentit tous ses membres engourdis.

Mon Dieu ! mon Dieu, je n'y parviendrai donc pas ? s'écria-t-elle, découragée !

Puis s'agitant avec vivacité afin de se redonner un peu de chaleur et de souplesse ; pour la troisième fois elle reprit courage et marcha. Pendant un quart d'heure elle put, avec des peines inouies, gagner un peu de terrain, les yeux fixés sur la tour de l'église que depuis un certain temps elle apercevait.

L'horloge sonna minuit !

— Ah ! comme j'ai mis du temps à venir ici ! dit l'enfant effrayée !

Cependant elle n'était plus qu'à une faible distance du but vers lequel tendaient tous ses efforts, et la vue de l'église la soutenait en ranimant son espoir ; mais ses forces allaient toujours en décroissant. Pourtant elle avançait !....

Soudain la lune disparut dans les nuages ; la mer et la terre se confondirent dans une même obscurité, et la vaste plaine couverte de neige s'étendit dans l'ombre comme un désert sans borne. Ne voyant plus ni son chemin, ni même le phare consolateur qui l'avait guidée, l'infortunée s'égara, et quand elle entendit sonner les trois-quarts après minuit, elle comprit avec une stupeur indicible qu'elle s'était éloignée du cimetière ; presqu'aussitôt renversée par une espèce de trombe, elle heurta contre un objet qu'au toucher, elle reconnut pour un amoncellement de neige. Alors reprenant sa lutte nocturne, la faible enfant parvint à se relever, à ramasser sa croix, puis l'enfonçant dans le monceau de neige, elle la tint fortement embrassée pour attendre la fin de la tourmente.

Dans sa chûte elle avait perdu sa coiffure et sa cape que le vent entraînait au loin.

Dieu eut enfin pitié de l'énergique enfant, le calme se rétablit, la neige cessa de tomber, la lune reparut dans le ciel ; profitant de l'éclaircie, tantôt marchant, tantôt se traînant, s'arrêtant, puis se hâtant comme poussée par un ressort invisible, dans un dernier et sublime effort l'orpheline atteignit enfin la tombe de son père ; laissant errer ses regards, elle entrevit les ombres de quelques maisons non loin d'elle ; elle essaya d'appeler à son secours, sa voix presqu'éteinte se perdit dans les murmures de la bise, puis elle tomba sans connaissance !

Le temps n'ayant pas permis de mettre une barque à la mer, Jules Pelcot n'avait pas été à la pêche ainsi que l'avait cru Sylvine ; toute la journée il l'avait cherchée sans deviner où elle pouvait être, il avait trouvé la porte de l'étable ouverte et la porte de la maison fermée, le soir il était revenu ; ne voyant pas de lumière, il avait appelé sa cousine et n'avait point reçu de réponse.

Le lendemain au point du jour il était devant la maison ; comme la veille il la trouva fermée et paraissant déserte : inquiet du silence qui régnait aux alentours, il prit en courant le chemin du presbytère comptant y trouver sa cousine qui s'y rendait souvent de grand matin pour y recevoir les instructions de Monsieur le curé. En traversant la partie du cimetière où s'élève l'église, il voulut aller faire sa prière sur la tombe de Pierre Legallet : quelle fut sa surprise d'y trouver Sylvine étendue sur une croix funéraire, ses cheveux détachés, ses petites mains jointes et les yeux fermés ; mais le sourire sur ses lèvres pâles !

Sylvine, Sylvine ! s'écria Jules, ne dors pas comme ça dans la neige, tu te feras du mal ! réveille-toi, Sylvine, entends-tu ?

Il prit sa main pour l'aider à se relever, mais sa main lui parut si glacée, qu'il eut peur ! Il avait neigé sur elle une partie de la nuit !

— Elle a trop froid pour se réveiller se dit-il en courant au presbytère. Il appela Monsieur le curé de toutes ses forces, en pleurant.

Venez, Monsieur le curé ! Sylvine est là bas qui dort dans la neige sur la fosse de son père et je ne peux pas la réveiller.

Le bon pasteur se hâta d'aller chercher l'enfant ; dès qu'il l'aperçut il pâlit ; s'étant approché, il posa la main sur son cœur, sur son poul, la souleva ; mais elle tenait si fortement sa croix qu'il ne put l'en détacher. Jules dit :

Pourquoi ma cousine garde-t-elle la croix dans ses bras, *et qu'elle n'ouvre pas les yeux ?*

— Hélas ! mon cher enfant, répondit le vénérable pasteur en versant des larmes, elle ne les rouvrira plus, la petite sainte ! Je devine ce que sa piété filiale lui a fait entreprendre.

— Ce n'est pas possible ce que vous dites là, mon bon monsieur le curé ! non, non elle n'est pas morte, Sylvine ; n'est-ce pas ? ça ne se peut pas ! je ne le veux pas !

— Dieu l'a voulu, mon pauvre enfant ! reprit doucement l'homme de charité, mais c'est pour la récompenser, ajouta-t-il en emportant son précieux fardeau.

Après avoir entendu cette terrible sentence, Jules demeura dabord immobile, puis tout-à-coup pris d'une espéce de ver-tige, il se mit à courir comme un insensé à travers le village. Dans les rues, il s'écriait —

— Sylvine est morte !

Devant toutes les maisons :

— Sylvine est morte

A ceux qui tentaient de l'arrêter :

— Sylvine est morte !

Et il reprenait sa course haletante ; son père vint à passer ; il lui cria :

— Sylvine est morte !

Et il s'enfuit d'une course encore plus désespérée. De loin il vit Ursule qui semblait chercher quelqu'un ; il se précipite au devant d'elle, s'arrête soudain, lui criant de ses derniéres forces :

— Sylvine est morte !

Epuisé il tomba !

Ursule frappée de stupeur et ne comprenant rien à ce qui venait de se passer, croyait qu'un mauvais songe avait troublé sa raison.

Mais déjà une certaine agitation se manifestait dans le vil-lage ; les habitants sortaient de leur maison, se regardaient, s'interrogeaient, élevaient les mains en signe de pitié ; quel-ques-uns d'entre eux se montraient du doigt la veuve de Pierre Legallet en donnant des marques d'indignation peu contenues. Enfin tous les yeux se dirigèrent du côté où venait une foule compacte tournant le sentier qui traverse la grande plaine ; cette foule s'acheminait vers la maison de Pierre Legallet ; deux matelots portaient sur une civiére un objet voilé d'un drap blanc; Monsieur le curé marchait en tête du cortége. La veuve du marin commençait à comprendre ; elle rentra chez elle défaillante. On s'arrêta devant la porte et l'un des deux matelots élevant dans ses bras le mystérieux objet, découvrit aux yeux de la foule — Sylvine morte ! ainsi que l'avait an-noncé Jules Pelcot !

La veuve de Pierre Legallet en voyant cette victime éclata en sanglots et ce fut avec un violent désespoir qu'elle saisit l'enfant et la déposa sur son lit en la couvrant de baisers !

— Il est bien temps de la pleurer et de la chérir à présent qu'elle est morte, murmuraient quelques voix !

— C'est bien elle qui est cause de sa mort la paresseuse, qui l'a réduite à rien ! disaient plusieurs femmes en jetant sur la veuve Legallet un regard menaçant !

Mais le curé avec cette douce pitié, qu'à l'exemple de son divin maître, il savait étendre sur les innocents comme sur les coupables, imposa silence aux personnes qui récriminaient devant cette femme dont la douleur ressemblait au repentir.

On fit sortir presque tout le monde de la maison mortuaire; il ne resta auprès de Sylvine que sa belle-mère, ses compagnes, et les deux amies de la première femme du marin. Ce fut par leurs mains que la victime fut parée ; on la revêtit de la robe blanche qui avait été destinée pour le jour de sa première communion, on posa sur son front le voile des communiantes retenu par une couronne de blanches immortelles; dans ses mains , brillait l'or d'une croix qui lui venait de sa mère. Quand Ursule la vit ainsi parée, elle fut saisie d'un grand tremblement.

— C'est donc une sainte descendue du ciel, qui est là ! et des larmes coulaient de ses yeux. Ursule était légère mais elle n'était pas méchante.

Ce fut le second jour au matin qu'on vint pour enlever la dépouille mortelle ! Douze jeunes filles qui avaient dû faire leur première communion avec elle, toutes vêtues de blanc, un cierge à la main, s'étaient réunies autour de leur compagne inanimée; les anciens amis de Pierre Legallet, ses camarades de navigation, arrivaient de tous côtés et se rangeaient silencieux autour de cette maison de mort ! Au moment où l'on se préparait à déposer la petite sœur des anges dans le cercueil, une voiture de poste attelée de quatre chevaux descendait rapidement la grande rue de Saint-Nicolas ! Le postillon arrêta ses chevaux et parut demander une adresse à un pauvre vieillard qui lui indiqua la maison de Pierre Legallet Une jeune femme et un jeune homme sortirent la tête par la portière de la voiture; en voyant toute cette foule morne assemblée, ils eurent un douloureux pressentiment. Ils se firent descendre à la porte de la maison, et les deux étrangers furent introduits dans le triste lieu où reposait encore celle qu'ils ve-

naient chercher pour la rendre heureuse ! mais un plus puis-
sant protecteur s'était chargé du bonheur éternel de l'orpheline ! Quand la jeune dame et son mari virent Sylvine, ils
s'écrièrent :

— Oh ! quel dommage ! comme elle était jolie !

— Et si bonne dirent en pleurant toutes les jeunes filles qui
étaient là !

On a deviné que les deux étrangers venaient acquitter une
dette de reconnaissance envers leur brave sauveur, qui n'était
plus !......... envers sa fille,......... qui n'était plus ! Hélas ! il
ne suffit souvent que peu de jours pour voir disparaître des
familles entières, dispersées par la mort comme les épis sous
la faulx du moissonneur.

A ce moment un garçon de onze à douze ans se précipita
dans la chambre mortuaire en disant :

— Monsieur le curé que je la voie encore !

Et se jetant à genoux, au milieu de ses sanglots, on l'enten-
dait répéter :

— Adieu Sylvine, adieu ! quand tu ne seras plus là, je m'en
irai bien loin, et je ne reviendrai plus au pays !

Sitôt qu'il la vit dans le cercueil, il poussa des cris si déchi-
rants que tous les assistants en furent troublés.

Les jeunes étrangers, lui prirent les mains, essayèrent de le
calmer et de le consoler. Jules alors élevant ses yeux noyés
sur eux :

— C'est donc vous qui deviez la prendre et qui veniez la
chercher pour la rendre heureuse ?

— Oui, lui fut-il répondu.

— Eh ! bien, merci ! — mais voilà où on l'a mise !

Et il s'arrachait les cheveux ; Monsieur le curé eut seul le
pouvoir d'appaiser cette trop violente douleur, en le menaçant de ne pas lui permettre de suivre sa cousine, s'il continuait.

Le pauvre garçon se tut, retint ses larmes, et muet comme
la tombe, il conduisit la compagne de son enfance jusqu'à sa
dernière demeure.

La cérémonie accomplie, le bon pasteur s'adressant aux
compagnes de Sylvine leur dit :

— Mes chères filles : Le précepte divin promet une longue vie, ici-bas, aux enfants qui honorent leur père et leur mère ; mais celle que vous devez prendre pour modèle était de ces âmes qui, dès qu'elles paraissent sur la terre, sont attirées dans le Ciel ! Sa mort fut sa récompense !

Les protecteurs de Sylvine ne pouvant plus rien pour elle, firent placer sur sa tombe une pierre de marbre blanc surmontée d'une croix où se lit cette inscription :

A LA PIÉTÉ FILIALE.

Sylvine Legallet, morte à l'âge de onze ans, le quatre décembre mil huit cent trente-trois.

Et plus bas les dernières paroles de Monsieur le curé :

Sa mort fut sa récompense !

A côté, et sur la fosse de Pierre Legallet, on voit *la croix* de bois noir que Monsieur le curé y fit placer.

Ctesse R. DE LA TOUR DU PIN.

Saint-Lo. — Imprimerie C. JEAN DELAMARE.